U0041908

如 何 活 用

行 為
經 濟 學

行 動 経 済 学 の 使 い 方

解讀人性，運用推力，引導人們做出更好的行為
設計出更有效的政策

大竹文雄 —— 著

陳正芬 —— 譯

經濟趨勢 70

如何活用行為經濟學

解讀人性，運用推力，引導人們做出更好的行為，設計出更有效的政策

作 者	大竹文雄	
譯 者	陳正芬	
責 任 編 輯	林博華	
行 銷 業 務	劉順眾、顏宏紋、李君宜	

發行人 涂玉雲

總 編 輯　林博華
發 行 人　涂玉雲
出 版　經濟新潮社
　　　　104台北市中山區民生東路二段141號5樓
　　　　電話：（02）2500-7696　傳真：（02）2500-1955
　　　　經濟新潮社部落格：http://ecocite.pixnet.net
發 行　英屬蓋曼群島商家庭傳媒股份有限公司城邦分公司
　　　　104台北市中山區民生東路二段141號11樓
　　　　客服服務專線：02-25007718；25007719
　　　　24小時傳真專線：02-25001990；25001991
　　　　服務時間：週一至週五上午09:30~12:00；下午13:30~17:00
　　　　劃撥帳號：19863813　戶名：書虫股份有限公司
　　　　讀者服務信箱：service@readingclub.com.tw
香港發行所　城邦（香港）出版集團有限公司
　　　　香港灣仔駱克道193號東超商業中心1樓
　　　　電話：852-25086231　傳真：852-25789337
　　　　E-mail: hkcite@biznetvigator.com
馬新發行所　城邦（馬新）出版集團Cite（M）Sdn. Bhd.（458372 U）
　　　　41, Jalan Radin Anum, Bandar Baru Sri Petaling,
　　　　57000 Kuala Lumpur, Malaysia.
　　　　電話：（603）90578822　傳真：（603）90576622
　　　　E-mail: cite@cite.com.my
印 刷　漾格科技股份有限公司
初 版 一 刷　2021年2月3日

城邦讀書花園
www.cite.com.tw

ISBN：978-986-06116-0-1

版權所有‧翻印必究

定價：360元

Printed in Taiwan

〈出版緣起〉
我們在商業性、全球化的世界中生活

經濟新潮社編輯部

　　跨入二十一世紀，放眼這個世界，不能不感到這是「全球化」及「商業力量無遠弗屆」的時代。隨著資訊科技的進步、網路的普及，我們可以輕鬆地和認識或不認識的朋友交流；同時，企業巨人在我們日常生活中所扮演的角色，也是日益重要，甚至不可或缺。

　　在這樣的背景下，我們可以說，無論是企業或個人，都面臨了巨大的挑戰與無限的機會。

　　本著「以人為本位，在商業性、全球化的世界中生活」為宗旨，我們成立了「經濟新潮社」，以探索未來的經營管理、經濟趨勢、投資理財為目標，使讀者能更快掌握時代的脈動，抓住最新的趨勢，並在全球化的世界裏，過更人性的

生活。

　之所以選擇「**經營管理─經濟趨勢─投資理財**」為主要目標，其實包含了我們的關注：「經營管理」是企業體（或非營利組織）的成長與永續之道；「投資理財」是個人的安身之道；而「經濟趨勢」則是會影響這兩者的變數。綜合來看，可以涵蓋我們所關注的「個人生活」和「組織生活」這兩個面向。

　這也可以說明我們命名為「**經濟新潮**」的緣由─因為經濟狀況變化萬千，最終還是群眾心理的反映，離不開「人」的因素；這也是我們「以人為本位」的初衷。

　手機廣告裏有一句名言：「科技始終來自人性。」我們倒期待「商業始終來自人性」，並努力在往後的編輯與出版的過程中實踐。

隱藏的說客——
好個有趣且有用的行為經濟學

洪財隆

（奧地利 Innsbruck 大學經濟學博士；公平交易委員會委員）

從 2018 年起算，踏入「行為經濟學」這個領域已經兩年多了。當初是看到有人在談「行為反托拉斯」，以及如何在網路和數位時代，利用行為經濟學的洞見來加強保護消費者權益等主題，這當然跟我在公平會此一競爭法機關任職有關。

好奇之餘更開始追本溯源，找到康納曼（Daniel Kahneman）、塞勒（Richard Thaler）和法蘭克（Robert Frank）等人的諸多著作，同時留意相關介紹性書籍和報導。一往而深，至今仍然覺得，這真是一門妙趣橫生的學問，雖然早年也曾被視為荒誕不經。

行為經濟學到底哪裡有趣？

對我來說，行為經濟學至少有三項教人驚艷之處。

首先是把人性重新放回經濟學。

行為經濟學家們主張，絕大多數的人只是「普通人」，其「認知能力有限，以致行事常依賴經驗法則（捷思）並有偏誤」、「決定會受到內容呈現方式（框架）、情緒和社會觀感影響」，而且「自我控制力」並不理想，即使面對明知重要的事情也常會拖延。

這和主流或新古典經濟學的「經濟人」假設迥然不同。經濟人被定義成認知判斷「完全理性」，而且行為動機單單只追求私利，尤其是物質利益。

乍聽之下不甚合理。主流經濟學的研究對象，不正是實際從事經濟行為的消費者或廠商嗎？怎能忽略這些現實生活中必然存在的人性？

關鍵在於主流經濟學認為，各種偏離「經濟人」理性選擇預測的所謂「偏誤行為」，僅僅只是偶然或隨機發生，數目多了之後就會彼此抵銷。行為經濟學則聲稱，人們不少的偏離或偏誤行為具有「系統性」特質，亦即會持續出現。他們手上握有一大票「偏誤清單」，包括「過度自信」、「框

架效應」等等。

如果是在傳統經濟學的公理推導或演繹架構下（若 p 則 q 邏輯、規範性），行為經濟學可說毫無勝算，因為只要出現反例就算輸。但行為經濟學者主要乃透過可重複執行的實驗設計，得出具有說服力的優勢數據，並不要求結果百分之百純粹。四兩撥千斤，卻常讓對手啞口無言。

正因為行為經濟學的這套方法論（實證、描述性）相當謙卑、低調，反而成功地撼動主流經濟學的「經濟人」基本假設，特別是在人類的經濟行為究竟是「完全理性」，還是「有限理性」這件事情上。

經濟學的「完全理性」指的是，「偏好（喜好）明確、順序穩定、不會矛盾」，例如：消費偏好或相關消費決定，不會受到選項呈現方式影響。然而，日常生活中的經驗卻往往不是如此，包括以下這個簡化版的「誘餌效應」案例（可繼續衍生光環效應、月暈效應）：

> 某家餐廳的菜單（Menu）原本只有一種 A 套餐，後來引進價格貴許多的 B 套餐。結果發現，次貴的 A 套餐反而銷量大幅增加，此即涉及偏好是否穩定的問題。

塞勒即把類似現象稱為「理應不相干的因素」（SIFs,

supposedly irrelevant factors）。明明是根本不相關的因素，現實上卻產生干擾並影響個人決定，此一理論後來應用相當廣泛，包括用在選舉研究。

特別值得一提的是，有限理性其實仍是理性。行為經濟學挑戰的是嚴格且不合實際的「經濟理性假設」，而非指控「人不理性」，但有不少人常把這兩者混為一談。

其次是翻轉看待世界的方式。

行為經濟學最重要的兩位奠基者康納曼和特沃斯基（Amos Tversky），其實都是猶太人心理學家，原先都任教於以色列希伯來大學。其中康納曼最早的研究領域乃在視覺限制，關心「大腦如何創造意義？為什麼一個人對於眼前所見或認知，會因為所處環境不同而改變？」，常說「從黑暗中出現的第一道光特別明亮」（詳《橡皮擦計畫》）。

所以他們後來的研究旨趣，從視覺感官轉向心理刻度或認知限制，也就不難明白，特別是觀察到人類情緒感受的諸多不對稱。

其一，人對變化的感受遠比狀態或水準要來得敏感；其二，人類也對小數目發生變化時比較敏感，此即著名的最小「可覺差」或「恰辨差」（Just-noticeable difference）原理。後者有個極有趣的人類學推測，「在野外打獵時，後面有 2

隻老虎追你，應該是比你前面有 98 隻麋鹿更加重要」（語出法蘭克）。

　　就以上述這些「不對稱」為基礎，康納曼和特沃斯基共同提出「展望理論」（Prospect Theory），認為「價值的衡量乃根據參考點（reference point）的變化與比較，並非取決於其絕對值」。意即價值具有「參考點依賴」傾向。

　　同時也發現，人們天生具有「損失規避」（loss aversion）特質，對相同幅度的「損失」之排斥或恐懼強度，明顯超過「獲得」的快樂或滿意度。後續的實驗更證明，人們面對損失的「情緒強度」大致是獲得的 2 倍到 2.5 倍之間。容有個別差異，但愈是重要的事其倍數愈高。

　　最後，人們面對獲得呈現「風險規避」，面對損失竟為「風險偏好」。這個驚人結論明顯有別於傳統經濟學的重要基石之一，即「預期效用理論」之預測。主要理由在於，根據傳統經濟學的說法，如果你對財富的增加愈來愈不在乎（邊際效用遞減），按理來說應該對財富的減少愈來愈在乎。

　　然而並沒有，絕大多數人仍對「第一把」的財富損失比較在意，所以願意賭下「第二把」、甚至「第三把」同額的錢，試圖挽回一開始的損失，即成為「風險追求者」。

　　整個重點在於**參考點**何在。更重要的是，參考點並不是

一個固定的數字，而是一種心理狀態，有可能是歷史偶然決定，更隱含著可透過「表述」或「建構」來加以影響，甚至操縱。

最後則是充實了「公平意識」的討論基礎。

談到公平，傳統經濟學多半以「非經濟因素」一語帶過，或說「效率與公平」存在此消彼長的「抵換關係」（trade-off），稍左的關懷則是兩者「相輔相成」。教科書頂多提及水平與垂直公平（源自財政學），乃至程序正義之類的抽象概念，嚴格來講，都缺乏實質的比較標準。

所以行為經濟學能夠涉入公平意識的討論這件事本身，並提供稍具可操作性的判斷基礎，真的是非常了不起，哪怕僅只是一小步，都很寶貴。

主要源於「損失規避」傾向，塞勒進一步發揚「稟賦效應」（endowment effect）的內涵。

> 比起未擁有時，我們會賦予實際擁有某件物品或處於某種狀態（不僅限於財富，也包括身份地位、權利、意見等）時，較高的評價」。亦即，「要放棄所有物時」，所要求的補償金額，會大於「未擁有此物但欲取得」時的願意支付價格」。
>
> ——引自《有限理性》，友野典男

　　換句話說，一般人對已經擁有的東西或稟賦，一旦失去通常會記為損失，而這會比「有機會取得但尚未實現的利益」（機會成本）要來得更加看重。

　　而這意味著，某個行為和狀態的變化是否公平，可依據參考點（特別是原來的定價或權利）及其移動的方向來做判斷。簡單來說，評判公平與否，通常是以社會大眾認為當事人是否擁有某種權利為基礎。

　　塞勒透過實驗設計，確實證明了人們對公平概念的理解，涉及「稟賦效應」。最常被引用的例子是，當景氣不佳時，多數人會比較容易接受企業「取消折扣」，而非「直接漲價」。而這也成為康納曼等人所提，公平交易「雙重權利原則」（principle of dual entitlements）之主要內涵。

　　此外，人類的腦海裡，可能先天存在「不公平厭惡」（inequality aversion）。德國經濟學家古斯（Werner Güth）在1982年所進行的「最後通牒賽局」著名實驗，更肯定了人的行為除了物質利益考量之外，更會受到公平意識的影響。

　　近年來，這方面的研究更直接受惠於腦神經科學的快速進展，特別是「功能性磁振造影」（fMRI）此一技術的發明。據說人們在遇有不公情事時，大腦裡主管厭惡區的燈會發亮。而行為經濟學在這一方面的跨領域整合研究，頗有貢獻。

依我之見，晚近行為經濟學之大放異彩，不單單只是扮演補充與豐富主流經濟學的角色，其實更讓日益枯燥與僵化的主流經濟學重獲生機。

行為經濟學到底哪裡有用？且看日本的行為經濟經驗

東西只要有趣早晚會有用，這句話我向來深信不疑。而近年來行為經濟學的影響力的確與日俱增，除了陸續獲頒諾貝爾經濟學獎之外（2002、2017、2019），包括英、美各國與不少歐盟成員，都紛紛在公部門設置專門組織，嘗試運用行為經濟學的洞見和機制設計，來改善公共政策的品質與績效。

甚至，也有行為經濟學家成立顧問公司，為政府和民間企業把脈，其中以任教於瑞士蘇黎世大學的費爾（Ernst Fehr）教授最知名，近年來他更被評價為德語區（德國、奧地利與瑞士）最具影響力的經濟學者。

在以往，如果經濟運作發生問題，根據傳統經濟學的診斷，一定是先去察看市場或制度哪裡失靈，然後開出處方。例如：市場壟斷、公共財、外部性或資訊不足（不對稱），而不會把焦點放在消費者或廠商等行為主體「可能犯錯」上面。

　　但隨著行為經濟學的發展，情況似乎已經慢慢改觀。日本研究行為經濟學的重鎮，大阪大學經濟學教授大竹文雄的這本書《如何活用行為經濟學》，就是最好的證明，而且深具意義。

　　第一層意義在於明白顯示，行為經濟學所發展出來的不少學理逐漸成熟，並已在不少地方取得一席之地。大到公共政策市場，例如法案之間如何「套裝」；小至個人日常生活，包括財富管理、健康減重，以及如何避免工作計畫一再拖延等惱人問題，行為經濟學都有話要說。

　　如果問題是出在各種類型的「認知偏誤」，那麼強化「誘因機制」或提供「更多選擇、更正確的資訊」等傳統方法就未必管用。行為經濟學則認為，清楚簡單的選項呈現或選擇架構可能更為重要，透過暗示、同儕（社會）壓力、承諾機制，甚至訴諸「損失規避」等推力（Nudge），有時候反而更能夠奏效。

　　第二層意義在於具體運用「行為經濟準則」，不再只停留在紙上談兵。尤其是書中所提到的行為醫療（疫苗施打、器官捐贈、學名藥之使用）、行為勞動（市場、職場）、行為財政（租稅負擔、年金制度）等領域的政策嘗試或討論，無論規模大小或結果如何，都是相當可喜的經驗。

　　本書所精心評述與引用的「行為經濟準則」，更是彌足珍貴。除了《推力》一書中的「推力檢查表」比較為人熟知之外，OECD（經濟合作暨發展組織）所發展出來的「推力設計流程」，以及「決策的瓶頸與對策」，更是切中要害。選擇使用何種推力作為手段，也必須很講究。

　　第三層的意義在於示範。眼見行為經濟學無論是在學術或政策領域都日益蓬勃發展，雖然尚未聽聞日本在公部門設有「行為團隊」，但民間早在 2007 年即已成立「行為經濟學會」（以大阪大學為核心），積極鼓勵本土案例研究、寫作和出版，相信本書也應跟此一學會有關。深盼台灣各界也能急起直追。

　　閱讀本書帶給我很大的收穫和樂趣，也引發不少省思。譯筆更堪稱流暢到位，雖有部分專有名詞顯然並不是慣用語，但尚不致影響內容理解。非常值得推薦。

目錄

第1章　行為經濟學的基本概念

第8章　公共政策上的運用

前言

　　我們的生活，從早晨起床到晚上就寢，是由一連串的決策構成，只是這些決策幾乎都成為習慣，在不知不覺間發生，像是幾點起床、吃什麼、穿什麼出門、工作上該做什麼、買什麼東西、幾點睡覺等，如果諸如此類的決策都要用頭腦一一認真思考，那還真是累人。儘管如此，我們每天的每一餐並不全是事前決定好的，也有自我覺察的成分在內。包括購買日用品之類不怎麼重要的決策，以及讓人煩惱的買房、就業、結婚、疾病治療等，攸關人生的重大決策。

　　許多人以為，資訊愈齊全，愈能做成合理的決策，於是往往蒐集了一大堆資訊。但是，蒐集資訊不見得有助於做成決策，有時資訊太多反而難以取捨，好比家裡燈泡壞了，到大型家電量販店去買，結果種類太多而耗費許多時間挑選，反倒是住家附近的便利商店因為選擇有限，一下子就買好了。這時如果把價格、功能、購物所花費的時間全都考慮進來，

要決定去哪裡買，還真是出乎意料的困難。

　　生了病，在醫院聽取醫師說明治療計畫時也是如此。醫師提出幾種治療方式，分別陳述優缺點，像是「發生後遺症和治療成功的機率各為百分之幾」、「進一步檢查或許能得知確切狀況，但檢查不僅會痛，還會留下疤痕」，甚至會面臨「疾病末期是否要施行人工呼吸等急救措施」之類嚴肅的問題，很少病患或家屬能立即回答。雖說有選擇是件好事，但患者畢竟不是醫療專業人士，光憑醫師提供的資訊，不見得能做成正確決策，於是許多人會希望，醫師說的話，最好要能幫助病人比較容易做決定，而醫師則認為，如果有病人無法做決策，或者做出醫學上不樂見的決策，只要提供了正確的醫學資訊，患者應該就能做出合理決策。

　　當我聽到醫師說出以上想法時，腦中浮現傳統經濟學的「經濟人」（homo economicus）一詞。所謂「經濟人」，是指有利己心，具備高度計算能力，能運用所有資訊做出合理決策的人。傳統經濟學的學說，就是建立在這種人類特質的前提下。但是 1980 年代起發展的行為經濟學，讓大家知道人類的決策存在偏誤，而且是有系統地偏離傳統經濟學所認為的合理性，現代行為經濟學的學說，就是以人類的此種決策方式為前提建構而成。

　　行為經濟學的分析對象，是人們所面臨的種種煩惱，如

果依照傳統經濟學的前提，合理決策者應該不會面臨這些煩惱才對，例如想著該存養老金卻總是辦不到、家庭作業或工作要限期繳交卻拖著不去做、訂了減重計畫卻不付諸行動，諸如此類都具備典型的行為經濟學特性。有些人工作時間很長，其實是因為經常延宕工作。了解行為經濟學，或許就能做出更好的決策。

　　既然如此，人類決策究竟具備了哪些特質？行為經濟學將人類決策的慣性歸納成幾點，包括：建立在確定性效應（certainty effect）與損失趨避（loss aversion）的展望理論（prospect theory）、具時間貼現率特質的現在偏誤（present bias）、受他人效用或行為影響的社會偏好（social preference），以及不同於合理推論的系統性直覺式決策，也就是捷思法（heuristics）。

　　也就是說，人類的決策並非合乎理性故能預測，運用行為經濟學的概念，或許反而能使決策更近乎合理。不透過利誘或制定罰則，而是運用行為經濟學的觀念來改善人的行為，稱為推力（nudge）。

　　本書會用淺顯易懂的方式，來解釋行為經濟學的觀念，介紹如何運用行為經濟學來製造推力，以及推力在工作、健康、公共政策等方面的具體案例，使讀者獲得行為經濟學的基本概念，以及實務應用的能力。

　　本書所根據的研究，在書末的「文獻解題」中說明，並列出參考資料，供有興趣的讀者參考。

第 1 章

行為經濟學的基本概念

　　以往的經濟學認為，人類具備高度的計算能力，能將資訊做最有效的運用，訂定合理的行動計畫並付諸實行，以追求自身的最大利益。而行為經濟學則是把過去經濟學眼中的人，在幾個方面改得更符合實際。

　　首先是，人在不確定的情況下做決策的方式。過去的經濟學認為，人類會把未來各種情況發生時的滿意度，以發生的機率做加權平均，根據所得出的結果來做決策。行為經濟學則是認為，人是以所謂展望理論（prospect theory）的思考方式做決策，特點是對於利益和損失的感受強度不對等，而且不會原封不動地使用某個情況發生的機率。

　　第二，在決定現在行動還是未來行動時，傳統經濟學和行為經濟學的觀點不同。以往的經濟學假設，只要現在決定了未來的事，即使經過一段時間，只要其他情況不變，人還是會如實地實行已經決定的事。但是，我們也經常一再拖延不想做的事而事後才後悔，行為經濟學用現在偏誤（present bias）的概念，來說明這種拖延的行為。

　　第三，以往的傳統經濟學認為，即使在利己的前提下，只要是競爭市場，社會就會愈來愈富足；行為經濟學則是在人類具備利他性與互惠性的前提下，來思考人類社會。

　　第四，以往的經濟學，是以人類具備高度計算能力為前

提；行為經濟學則認為，人類是在計算能力不足的前提下，運用直覺來做決策，這種遵循某種模式的直覺式決策，稱為捷思法（heuristics）。

　　本章將以淺顯易懂的方式，說明以上行為經濟學的基本概念。

1. 展望理論

風險之下的決策

　　你在天氣預報的降雨機率高於百分之多少時，才會帶傘出門？有人回答百分之五十，有人說百分之三十，或許也有人說，沒下雨就不帶傘。只要降雨的機率不是百分之百，就算不帶傘也可能不會被雨淋到，但是萬一下雨了，就有變成落湯雞的風險。另一方面，帶傘出門固然不會被雨淋濕，但是包包會變重。因此，帶傘出門等於是對「萬一下雨會被淋濕」的風險（risk）上了一道保險，而帶傘所增加的麻煩就相當於保險費。這是在「可能會下雨」的風險之下所做的決策。想規避風險的人，就算降雨機率很低也會帶傘出門；而不在乎風險的人，即使降雨機率很高，也還是不帶傘。

　　買車的時候，任意險要保多少也是類似的決策。該買多少車損險？是選擇保險費昂貴但全額理賠的車險，還是完全不買？當你生了病，醫師要你選擇用什麼方法治療也是。某種治療法的治癒率為百分之 X，發生副作用的機率為百分之 Y，別種治療法的機率則分別為多少多少，要病人選擇用哪種方式治療。這時候，選擇哪一種都有風險。

　　我們的生活，充滿著諸如此類的風險。有罹病的風險，

也有遇到交通事故和犯罪事件的風險。同樣地，在選擇該進哪所學校或到哪家公司工作時，也無從得知做了哪個選擇後，能確保未來一帆風順。當下的熱門產業，未來或許淪為夕陽產業。我們總是在這些錯綜複雜的風險下，以追求最大滿意度為目標，而做出決策。

傳統經濟學認為，人在風險之下做決策時，會將各個選項的發生機率，乘以該選項發生時的滿意度（即利得），算出數學上的期望值（也就是預期效用〔expected utility〕），做為決策的依據。然而現實情況下，我們並無法對每一件事都做這樣的計算。根據行為經濟學者導出的結論，人在風險之下所做的決策，具有確定性效應（certainty effect）與損失趨避（loss aversion）兩大特徵。有別於傳統經濟學的想法，提出這兩個概念的康納曼（Daniel Kahneman）與特沃斯基（Amos Nathan Tversky）歸納整理出以下內容，稱之為展望理論（prospect theory）。

確定性效應

為了理解確定性效應，請看幾個實例。以下兩種彩券，你比較喜歡哪一種？

> 問題一
>
> A　百分之八十的機率能獲得四萬圓
>
> B　百分之百確定能獲得三萬圓

經過多次實驗，發現比較多人偏好「百分之百確定能獲得三萬圓」的 B 彩券。那麼，以下這兩種彩券，你會偏好哪一種呢？

> 問題二
>
> C　百分之二十的機率能獲得四萬圓
>
> D　百分之二十五的機率能獲得三萬圓

結果發現，比較多人選擇「百分之二十的機率能獲得四萬圓」的 C 彩券。

問題一選 B，而問題二選 C 的人，與傳統經濟學中有關合理性的假設矛盾。說明如下。中了 X 萬圓彩券時的滿意度，我們用「滿意度（X 萬圓）」來表示，於是在第一個選擇中選 B 彩券的人，可以用傳統經濟學，來表現其偏好：

滿意度（3 萬圓）> 0.8× 滿意度（4 萬圓）

　　將這個數學式的兩邊同時乘以 0.25，不會改變以上關係，也就是從傳統經濟學的觀點，預測會有以下關係：

0.25× 滿意度（3 萬圓）＞ 0.2× 滿意度（4 萬圓）

　　這個數學式，表示有百分之二十五的機率獲得三萬圓的人，會比百分之二十機率獲得四萬圓的人更高興。也就是問題一選擇 B 的人，在問題二應該會選擇 D。然而事實上比較多人選 C，與傳統經濟學的預測矛盾。

　　也就是說，人們在有風險的情況下做決策時，並不是去計算滿意度的平均值（預期效用），然後選擇較高者。這可能是因為，在計算預期效用時，並不會將客觀機率直接拿來當作權數。具體來說，對於百分之八十或九十之類機率較高的選項，實際上的感覺往往沒那麼高；而對於百分之十或二十等相對較低的機率，實際上的感覺往往稍高一點。在不確定的情況下，我們就是在這種對機率的認知基礎上做決策的。人們在面對確定的選項與有點不確定的選項時，會比較喜歡具確定性的選項，這種現象稱為**確定性效應**。

　　根據康納曼與特沃斯基的說法，人們用來做決策的機率和客觀機率之間，存在如圖 1-1 般的乖離現象。當機率在百分之三十至百分之四十之間時，人們會把與客觀機率相近的

數值，用在決策上。但是當情況從確定不發生的零機率，變成有微小的發生機率時，我們對於機率的認知會高於實際。相反地，從確定會發生的百分之百機率，變成有微小的風險不發生時，人們會感覺確定性大幅的降低。

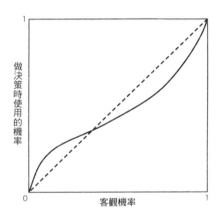

圖 1-1　客觀機率與做決策時使用的機率

有時候，我們就是必須在客觀機率與做決策的機率之間存在這種乖離現象時，做出某個決定。例如我們被告知，接種疫苗發生副作用的機率為 0.01％，或者會產生後遺症的機率為 1％的情況下，必須決定是否施打疫苗。即使是這麼微小的數字，會感覺發生的機率好像比實際上來得高。如果機率小但感覺起來很大，導致難以做出合理判斷時，做法之一是

避免用機率表示。例如有百分之一的機率會發生不好的情況時，用「一百人當中，九十九人不會產生副作用」的表現方式，會感覺副作用的危險性比較小。

「過度自信」或「樂觀」，有時也會導致客觀機率和做決策的機率之間出現乖離。高估自己的能力，對考試合格率作出高於客觀合格率的預測時，就是過度自信。研究結果發現，男性與女性在過度自信的程度上就呈現差異。許多國家曾經進行研究，請受試者選擇：（一）與其他人競爭，但只有獲勝者能得到報酬，還是（二）不管別人的成績高低，只針對自己的成績高低獲得報酬。先進國家的多數研究發現，在男女能力相同的情況下，男性比女性更傾向於選擇只有獲勝者得到報酬。原因包括：第一，只有獲勝者得到報酬的給獎方式，牽涉到對手能力的不確定性，會受到男女厭惡風險程度的差異影響。第二，男女對於競爭的喜好程度不同。第三，男女在過度自信方面的程度不同。在團隊中挑選領導者時也是如此，由於男性比女性容易有過度自信的傾向，大肆聲張自我能力的結果，使男性比較容易出線。

損失趨避

展望理論的另一個理論基礎是損失趨避。用擲銅板的例

子來思考，比較容易了解何謂損失趨避。問題三的 A 和 B 選項，你會選擇哪一個？

問題三

A　擲銅板，出現正面可獲得 2 萬圓，反面則獲得 0 圓

B　無論正反面都能獲得 1 萬圓

接下來的問題四，會選哪個呢？

問題四

C　擲銅板，出現正面要付出 2 萬圓，反面則不用付錢

D　無論正反面都要付出 1 萬圓

比較多人在問題三選擇 B，問題四選擇 C。就平均損益來說，問題三的兩個選項都是 1 萬圓，問題四也都是 1 萬圓。在獲利的情況下（問題三），人們傾向選擇確定獲利勝過有風險的選項；而在損失的情況（問題四），則傾向選擇風險較大者。

問題三選擇 B 的人，在平均利得相同的情況下，對確定獲利的滿意度比較高，經濟學將有這種偏好的人，稱為**風險**

規避（risk averse）。圖 1-2 為所得和滿意度（即經濟學中的效用〔utility〕）的關係。

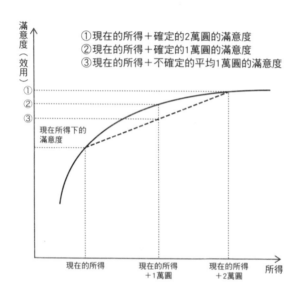

圖 1-2　不確定的利得與滿意度的關係

另一方面，問題四選擇 C 的人，在平均損失相同的情況下，對不確定會損失的滿意度比較高，有這種偏好的人稱為**風險愛好**（risk loving）。

圖 1-3 是把問題四的所得與滿意度的關係，圖示出來的結果。所得和滿意度的關係，在問題三和問題四呈現完全不

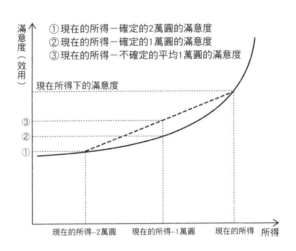

① 現在的所得－確定的2萬圓的滿意度
② 現在的所得－確定的1萬圓的滿意度
③ 現在的所得－不確定的平均1萬圓的滿意度

圖 1-3　蒙受損失的風險與滿意度的關係

同的結果。原本所得和滿意度的關係應該是固定不變，但是即使風險相同，人在獲利的時候會偏好風險規避，但損失的時候就變成風險愛好。

接下來的問題五，你會選哪一個？

問題五　假設你的月收入為 30 萬圓。

E　擲銅板，出現正面時本月的收入為 28 萬圓，反面則維持 30 萬圓不變。

F　無論正反，本月收入都是 29 萬圓。

　　問題五的表現方式，不是強調損失時「付＊萬圓」，而是強調獲利時「獲得月收入＊萬圓」，其本質上與問題四相同，只是表現方式不同。如果是理性的人，只要邏輯相同，表現方式應該不會影響到其選擇，然而卻有不少人，在問題四選擇有風險的 C 選項，問題五卻選擇確定的 F 選項，呈現如圖 1-4 的偏好。

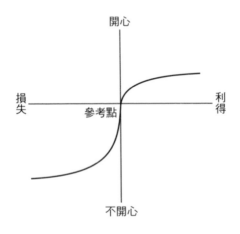

圖 1-4　損失趨避

　　人們的這種損失趨避的決策特質，經常用圖 1-4 來表示。圖中的橫軸代表利得和損失，原點為參考點。所謂參考點就是比較的對象，通常是以現在的所得水準為參考點。也就是

說，如果以現在的所得為參考點，比這個所得增加就是利得，比這個所得減少就是損失。愈往右，表示大於參考點的利得愈多；相反地愈往左，表示相較於參考點的損失愈大。縱軸則是利得和損失的價值，利得使人感受到正向價值，也就是從參考點起愈往上，正價值愈大；相反地從原點愈往下，代表損失的負面價值也愈大。

所謂**損失趨避**，是指在圖 1-4 中代表價值的曲線，在原點（參考點）左右兩側的傾斜度有很大的差異。具體來說，發生損失時價值的減少幅度，大於產生利得時價值的增加幅度。換言之，代表損益與價值關係的曲線，在原點左右兩側的傾斜度（斜率）不同，發生損失時的斜率較大，表示發生損失的時候，即使些微的損失也會使價值大幅縮水，亦即對損失的厭惡大於對利得的偏好。這就是損失**趨避**。

以前的經濟學主張，人在做決策時只會考慮選項的利得。但是仔細一想，這樣的決策未必合理，因為我們等於是光憑著比生活水準或擁有的資產少很多的金額來做決策。傳統經濟學認為，人們是從消費或休閒水準本身去感受其價值，若是這樣的話，我們應該一律用面對問題五的思考方式來做決策，因為無論用什麼方式表現，也不會改變決策才對。

然而，展望理論認為，人是從與參考點之間的差異去感

受價值，而參考點多半建立在現況的基礎上，但是參考點也包含自己採購物品的價格、自己過去的所得或消費水準、他人的所得或消費水準等諸多考量因素在內。以擲銅板的例子來說，參考點的考量因素，包含擲銅板前的所得水準、我們從這個所得水準增加或減少的金額所感受到的價值。

高於參考點是利得，低於參考點是損失，即使變動的金額相同，人們卻非常厭惡損失。實驗結果顯示，當利得和損失的金額相同時，人們對損失的厭惡程度，是對利得的喜好程度的二至三倍。

損失趨避的另一個特徵是，人的感受會隨著利得或損失的持續增加而變小，這種特質會造成面對風險態度的不對稱性。在利得的情況下，人們偏好確定的獲利勝過有風險的獲利，呈現風險規避的傾向；相反地在損失的情況下，偏好有風險的損失勝過確定損失，呈現風險愛好的特徵。由此可以說明，人性的特點是選擇可能發生較大額損失但參考點維持不變的有風險選項，而不是損失金額確定的安全選項。

以持有股票為例，人們在股價上漲超過買進價格時會獲利了結，而股價下跌時卻不認賠殺出，就可以用損失趨避效應來說明。此外，如果把同儕的行為當作參考點，也可以說明不想落後同儕的「同儕效應」（peer effect，見第三章）或「同

步效應」。

框架效應

　　在損失趨避或確定性效應的背景下，當相同的內容用不同方式表達時，人會做出不同的決策，這稱為**框架效應**（framing effect）。

　　以是否進行手術為例，得知以下資訊時，你會選擇接受手術嗎？

　　A「術後一個月的存活率為百分之九十。」

　　那麼，得知以下資訊時，你的選擇又是什麼？

　　B「術後一個月的死亡率為百分之十。」

　　根據研究，當醫療人員詢問病人上述問題時，A 的情況下約百分之八十的人願意接受手術，而 B 的情況下則只有百分之五十願意。A 和 B 的資訊內容完全相同，然而強調損失的 B 情況，會使人不想接受手術，這是因為發問者的框架是強調死亡率之類的損失，而引發人們損失趨避的行為。

　　對小孩說：「考試成績比上一次進步的話，就發給二千圓。」和「先給你兩千圓，但如果考試成績比上一次退步的

話，就把錢還來。」兩種提議在本質上是相同的，但是第二種的框架是強調損失的方式。

稟賦效應

即使改變現狀比較有利，依然偏好維持現狀，這種傾向稱為**維持現狀偏誤**（status quo bias）。維持現狀偏誤是因為把現狀看做參考點，與現狀不同時就感到損失（即損失趨避）。

例如，改和別家電力公司或手機通信業者簽約比較有利，卻繼續維持現狀，或許除了解約的費用外，也受到維持現狀偏誤的影響。開會和上課時一開始偶然坐到的位置，到了下一場繼續坐那個位置，也可以解釋是一開始的座位成了參考點，而產生的維持現狀偏誤。

我們也可以用**稟賦效應**（endowment effect）來說明維持現狀偏誤，也就是認為自己應該維持現狀。所謂稟賦效應，是指高估自己所有物的價值，在擁有之前和擁有之後，對這樣東西所估計的價值也不同。例如企業發送免費的試用品，就是看準這種稟賦效應的銷售策略。

康納曼曾經用馬克杯做實驗，將稟賦效應做了具說服力的展現。研究人員將學生分成三組，給第一組學生印有大學標誌的馬克杯，問這些學生，要多少錢以上才願意出售馬克

杯。接著，研究人員問第二組學生，願意花多少錢來買馬克杯。最後以不同的金額，問第三組願意拿錢還是拿馬克杯。每個問題都是問到馬克杯的價值，由於是同一種馬克杯，三組學生的回答應該大同小異才對，然而一開始得到馬克杯的學生，回答要七美元才願意將馬克杯賣出。

另一方面，研究人員問沒有拿到馬克杯的第二組學生，願意花多少錢來買，他們回答二美元，比七美元的一半還少。至於在金錢或馬克杯之間選擇的第三組學生，則是回答 3.5 美元，是第一組回答的七美元的一半。換言之，對馬克杯的估計價值，在擁有之前與之後相差了一倍，也就是人的偏好，出乎意料地善變。

2. 現在偏誤

拖延的行為

俗話說，肥胖是導致各種「生活習慣病」的導火線，四十歲到七十四歲的人，通常會做針對代謝症候群的健康檢查，也是為了預防生活習慣病。大多數的人都知道，肥胖可能會造成未來的健康狀況惡化，儘管如此，還是有人就是變胖了。

傳統經濟學認為，「肥胖的人是在合乎理性的決策下發胖的，換言之肥胖是他們希望的結果。」也就是說，人在吃東西的時候，會把「多吃一口使食慾獲得滿足的快樂」和「多吃一口導致以後變得肥胖的損失」放在天平上，只要前者勝過後者就繼續吃，一直到兩者剛好達到平衡為止。照這樣看來，人一開始就有變胖的心理準備，應該不會後悔，也不會想變瘦才對，因為如果當初不想變胖，在吃東西的時候就會節制熱量的攝取，或是透過運動來增加熱量消耗。

但是，實際上有些人就算訂定了節食計畫，卻總是想著今天先吃了再說，明天再開始減肥。儘管訂了計畫，到了付諸實行的時候卻把眼前的快樂擺第一而將計畫延後，這種人性特質，在行為經濟學一般可以用**現在偏誤**（present bias）來

理解。

　　藉由問題六和問題七，可以對現在偏誤有更深刻的認識。以下問題的選項，你會偏好哪一個呢？

問題六

A　現在獲得一萬圓

B　一週後獲得一萬零一百圓

問題七

C　一年後獲得一萬圓

D　一年又一週後獲得一萬零一百圓

　　許多人在問題六選 A、問題七選 D。等待一個禮拜多拿一百圓，意思是只要等一個禮拜，金額就能增加百分之一，就金融商品而言，是相當高的利息。但是即使一個禮拜可以獲得百分之一的利息，許多人寧可犧牲利息，選擇現在就拿到較少的金額。

　　另一方面，同樣也是一週利息百分之一，如果換成是一年後，人們會對百分之一的利息感到滿意，而選擇晚一個禮拜拿到錢。換句話說，如果是遙遠的未來就再忍一下，一旦

時間縮短到眼前，人就變得沒耐性，就算獲利較低，寧可現
在落袋為安。

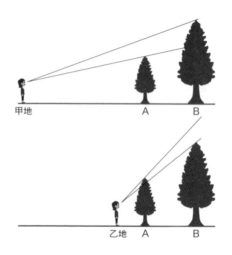

圖 1-5　　兩棵樹的高度從遠處看和從近處看不同

　　這就有點像分別從遠處和近處觀看兩棵高度不同的樹
時，兩棵樹的高度看起來會不同。圖 1-5 的上圖中，從較遠
的「甲地」看這兩棵樹時，後面較高的 B 樹，從人的眼睛看
來確實比前面的 A 樹高，但是從乙地看同樣兩棵樹，與較矮
的 A 樹更靠近時，A 樹看起來會比 B 樹更高。

　　因此，如果是遙遠的未來，就如同較高的樹看起來較高
一樣，會選擇錢多一點的選項，哪怕只是多一些些。但如果

是對很近的未來做選擇時，金額少但立刻可以落袋為安的選項，就變得比較吸引人。

如果是遙遠的未來才開始減肥，會覺得未來因開始減肥而獲得的健康價值比較大。但如果現在就開始減肥，則是現在大快朵頤的價值，會比未來的健康價值更大。

許多情況下，都能觀察到這種現在偏誤。例如，如果問大家，讀中小學的時候，都是什麼時候做暑假作業，大部分的人會回答暑假結束時。但是放暑假前問學生，打算什麼時候做作業，大部分的人會回答暑假的前半段，這也可以解釋為現在偏誤所產生的拖延行為。除了時間之外，其他條件維持不變，而人的選擇卻改變了，稱為「時間不一致性（time inconsistency）決策」。（譯注：時間不一致性，是指決策者在 t 時根據最佳化原則制定一項 t + n 時執行的政策，但這項政策在 t + n 時已非最優選擇。）

承諾機制的運用

各種研究發現，許多人有現在偏誤的傾向，但並不是每個人都會拖延，這是因為許多人為了不拖延，會採取承諾（commitment）機制，事前約束自己未來的行為。例如為了老年訂定儲蓄計畫時，定期從薪水扣一筆錢，存入短期內不

能提領的帳戶，也是一種承諾機制。此外，向周遭的人宣布戒菸或減肥的目標，家裡不擺放香菸或甜食，也是一種承諾機制。

實驗顯示，承諾機制能有效減少現在偏誤造成的拖延行為。研究人員請實驗參與者，從列表中選擇要看哪三部電影，每放映一部電影後至少隔兩天，共放映三次。列表中的電影有《辛德勒的名單》之類具有教育意義的電影，以及《捍衛戰警》之類的娛樂性電影。

研究人員請其中一組參與者，當天才決定要看哪部電影，請另一組在第一天就決定要看哪三部電影。結果，兩組在第一天看教育類電影的比率都超過 40％，當天才決定電影的那一組，在三次之中看教育類電影的比率不變，但是一開始就決定要看哪三部電影的那一組，第二部和第三部選擇看教育類電影的比率，分別是 63％和 71％。也就是說，實驗參與者大多是想著應該要多看看教育類電影，只是不是今天，這就是典型的現在偏誤。這項實驗顯示了，想要實現未來要做的事，在現階段要求對未來的選擇做出承諾且不能改變，是可行的策略。

也有實驗顯示，詳細設定期限，能有效防止現在偏誤造成的延宕。研究人員發給學生三頁稿件，要他們在三個星期

內，完成錯別字的校正工作，每修正一個地方可獲得 0.1 美元，超過期限繳交者，每遲一天就罰 1 美元。此外，研究人員隨機給予學生三種期限。

第一種期限是，三星期後一次繳交三頁；第二種是每星期交一頁；第三種是自己決定期限。實驗結果顯示，每星期交一頁的學生，發現的錯別字最多且遲交的人最少，因此獲得最多錢；自己設定繳交期限的那一組居次；成績最差的是三星期後一次繳交的那一組。

也就是說，三個星期後一次繳交的那一組，把校對的工作延宕到快要截止前，才匆匆忙忙去做，導致工作品質不佳。每個禮拜繳交一頁的那一組，就算延宕也只是一個星期和一頁的分量，因此能夠保持工作品質。自己設定期限的那一組當中，由於其中有人考量到自己可能延宕工作，而各自設定不同的期限，因此結果介於上述兩者之間。

所以，要防止現在偏誤，可以嚴格地規定期限，或是事前訂定不遵守期限的罰則等承諾機制。但是，承諾機制不見得就能使結果稱心如意，像是如果規定過於嚴格，會讓人擔心萬一達不到怎麼辦，而可能一開始就不遵守承諾，索性自暴自棄。另一種可能是，即使事前規定了不達成目標的罰則，但如果受罰一方對於施行的罰則抱著抗拒感，到頭來也可能

不履行罰則。如果事先就預見以上的可能性，承諾本身也就變得沒有意義。

舉例來說，先生沒有達到某個目標，太太就施以某種懲罰的承諾機制。如果先生從一開始就料想到太太可能對處罰自己會有所猶豫，承諾機制就形同虛設。為了防止這種情況，就必須在未達成目標時能自動執行承諾機制。

當一個人知道自己有現在偏誤，以後會有延宕的行為時，承諾機制是有效的選擇。有自知之明因而透過承諾機制防止這種情況發生，在行為經濟學中稱為「明智之人」。相反地，明明有現在偏誤卻認為自己沒有的人，則稱為「頭腦簡單之人」。頭腦簡單之人到頭來會一拖再拖，就算制定了嚴格的計畫，實行的時候卻推翻先前的計畫，要不就是一再拖延，做出短視近利的行為。

3. 互惠與利他

社會偏好

傳統經濟學多半假設人是利己的，只偏好自己的物質金錢利益；但行為經濟學則假設，人除了偏好自己的物質金錢利益，也會關心他人的物質金錢利益，這種偏好稱為**社會偏好**（Social preference）。

社會偏好包括從他人的利得中獲得效用的利他性、用善意回應他人善意的互惠性、厭惡分配不均的不平等**趨避**等。許多實驗研究的結果證實了這種偏好，因而將之納入行為經濟學中。

舉例來說，從事研究的人，都熟知獨裁者賽局（dictator game）這個實驗，也就是對獲得某筆錢（例如一千圓）的人說：「你願意從中拿出多少錢，捐贈給不認識的人？」如果是利己的人就會一毛不拔，但是多項結果顯示，有一定比例的人，在獨裁者遊戲中，會將其中一部分捐贈給他人。

因此行為經濟學認為，人具有某種社會偏好，因此有上述實驗的結果。例如當他人的滿意度上升，自己也會有幸福感，這稱為利他性。利他性又分為兩種，第一是**純粹利他性**，第二是**溫情效應**（warm glow）。純粹利他性，是指他人的幸

福度增加時，也提高自己的幸福感。

　　溫情效應則是，為他人採取某個行動或捐款給他人，自己也感到幸福。假設你想捐錢給某個援助窮人的非政府組織，如果你捐一筆錢給該機構，政府也會對該機構給予同額補助，換言之當你捐一萬圓時，這個非政府組織共可獲得兩萬圓的捐款。那麼，你會按原訂目標捐出一萬圓，還是只要該機構得到一萬圓就好，於是你少捐五千圓？還是說，既然政府要同額補助，你會捐得比一萬圓更多？無論有無政府補助，捐款金額都不變，你從捐款這個行為本身得到喜悅，這就是溫情效應。

互惠性

　　報答他人對自己的善意，稱為互惠性。直接報答對方稱為直接互惠性，間接報答他人的施恩，稱為間接互惠性。大部分的人都有互惠的心，要利用這種互惠性，可以透過贈與來引發一個人的互惠心態。

　　從經濟學可以知道，當企業付給員工高於行情的待遇，員工會感覺獲得企業經營者的贈與，因而努力工作。在超市試吃後，覺得不買會不好意思，也是同樣道理。當患者感覺到醫生視病如親的程度已經超越職責，可能會為了不讓醫生

失望，而努力追求健康。

　　相反地，負面的互惠性也存在，也就是當他人造成自己的損失時，即使對自己沒有好處，也要報復或施以懲罰。經濟學上用來說明這種現象的典型實驗，稱為最後通牒賽局（ultimatum game），也就是把一萬圓交給 A，對他說：「這一萬圓預定要分給你和一位你不認識的 B，至於要怎麼分配，請你建議。如果 B 同意的話，你們兩人就可以分得這筆錢；如果 B 拒絕了你的提議，你跟 B 都拿不到半毛錢。」

　　如果 A 是個利己的人，一心只想著自己，他也知道 B 也是利己的人，於是會提議「自己拿 9,999 圓，B 拿 1 圓」。對 B 來說，與其拒絕提議，連 1 圓也拿不到，倒不如拿 1 圓的滿意度還高一點。因此 B 應該會接受這個提議。由於利己的 A 這麼想，於是提議分給 B 1 圓，B 也同意把 1 圓收下。

　　但是許多經濟學實驗的結果顯示，做為 A 的實驗參與者，大多提議自己拿七成，對方拿三成，而做為 B 的參與者，也多半在自己得到低於三成時，會拒絕對方的提議。

　　進一步來說，實驗也觀察到人們對於所得分配不均會感到厭惡，也就是具有**不平等趨避**（inequality aversion）的特質。雖說人們希望自己的所得很高，但是當別人的所得比自己高或比自己低時，自己的滿意度也會下降，因此不平等趨避包

括了優於他人的不平等趨避，和劣於他人的不平等趨避。所謂優於他人的不平等趨避，是在只有自己的境遇比別人好，或者別人的境遇不比自己好的時候感到悲傷，會想要對境遇較差的人進行重分配，以縮小所得的差距。相反地，當別人的所得高於自己時感到不滿，就是劣於他人的不平等趨避。劣於他人的不平等趨避傾向較強的人，應該會多於優於他人的不平等趨避傾向較強的人。

4. 捷思法

抄捷徑的決策方式

　　傳統經濟學認為，人能夠充分運用可取得的資訊以得出合理推論，進而做出決策。然而，我們往往覺得做決策時的思考太花力氣，因此單憑直覺來判斷的情況也不少。因此，人們並非理性地去做決策，而是會做出系統性偏誤的決策。

　　於是有人就會想，如果做決策要花力氣思考，那麼做決策時要先把這個成本考慮進去。但是如果在「要花力氣思考」的前提下做決策的話，反而因此更費力。換句話說，在花力氣思考和計算能力受限的前提下思考合理的決策，是件相當困難的事，於是人們會利用直覺，也就是捷思法（heuristics）。所謂捷思法，是用最快達到目的的方法做決策，也就是和精確計算、蒐集資訊而後做出合理決策形成對比的決策方式。以下介紹幾種捷思法。

　　捷思法的代表性例子，包括即使邏輯上是同一回事，但會因為表達方式不同，而使聽者做出不同決策的「框架效應」；憑直覺做決策所導致系統性偏誤的「捷思法」；做決策時把範圍縮小（即 bracketing）來思考的心理帳戶（mental accounting）等。人類因為計算能力有限（亦即有限理性）而

採取的捷思法，包括沉沒成本謬誤（sunk cost fallacy）、決策能力、選項超載（choice overload）、資訊超載（information overload）、回歸平均值（regression toward the mean）、心理帳戶、可取得捷思法（availability heuristic）、代表性捷思法（representative heuristic）、定錨效應（anchoring）、極端趨避、同步效應（synchronization effect）、投射偏誤（projection bias）等。以下分別簡單介紹。

沉沒成本謬誤

經濟學把已經付出而無法收回的成本，稱為沉沒成本。人們經常因為沉沒成本，而做出偏離理性的決策。請思考以下狀況。

你看到只要七萬圓的北海道旅遊團，就報名了。過了幾天，你又看見五萬圓的沖繩旅遊團，興奮之下也報名了。但後來仔細一看，才發現北海道之旅和沖繩之旅是在同一天，事到如今就算取消也不能退費了，況且因為兩個都是低價團，每個梯次都已額滿而無法改期。你喜歡沖繩勝過北海道，那麼，你會選擇去哪個行程呢？

有些人雖然本來就想去沖繩，但是想到北海道之旅花了七萬圓，而選擇去北海道，殊不知無論選擇參加哪個行程，

北海道之旅的七萬圓，或是沖繩之旅的五萬圓都無法退費，也就是沉沒成本。既然如此，倒不如忘記花了多少錢，去參加那個讓自己滿意度較高的旅行團吧。想要回收已經拿不回來的沉沒成本而做的決策，就稱為沉沒成本謬誤。

　　超市在快要打烊時，會對生鮮食品和外帶熟菜大降價，有時甚至低於進貨成本。乍看之下超市似乎是虧本，但由於生鮮食品不能退貨，其進貨成本為沉沒成本，於是超市乾脆忽視進貨成本，看是（一）維持原來的高價格，賣不掉的就當作廢棄物處理的利益大，或是（二）降價求售的利益大，用這樣來做出決策。

決策能力

　　許多人都知道，當精神或身體感到疲憊時，決策能力也會變差。研究發現，開發中國家的農民，在收成後將作物出售、所得入袋時的心智能力，高於尚未收成、所得最少的時期，這是因為在缺錢的狀態下，為了每日生計而把意志力都消耗光了，造成決策能力的下降。由於人在一段時間內只具備有限的決策能力，因此必須定期休息，才能讓低落的決策能力恢復到正常狀態。

　　由於其實很多人經常處於精神、肉體疲勞的狀態下，使

得決策能力低下的問題變得很重要。為錢所苦的人，每天為了生活而奔波，意志力大概都消耗殆盡了；工作太忙碌的人，可能也是把意志力都花在工作上；在醫院接受治療的患者大多是身心俱疲，必須考慮到他們在做決定時，決策能力低下的可能性。

選項超載與資訊超載

因為選項太多造成選擇困難時稱為選項超載，這時限縮選項可能有幫助。類似的情況，資訊過多導致無法做正確判斷，稱為資訊超載，這時有必要花點心思，用簡單易懂的方式，對重要的資訊提綱挈領。

回歸平均值

基於非人為的隨機原因，而導致數值變動時，在偏離平均的極端數值出現後，數值之平均值又回復到和之前差不多的狀態，這是因為數值本來就有更高的機率比極端數值更接近平均值。這種統計學上的特質，稱為回歸平均值。

不過，人們往往誤以為，出現高於平均值的數值，與接下來較低的數值之間存在因果關係。假設健康狀況隨機變動，在極度惡化之後，原本就很有可能之後會恢復到平均狀況。

如果當健康惡化時，接受民俗療法後痊癒，就算該項治療無效，由於恢復健康狀態的可能性是高的，很容易使人誤以為是民俗療法奏效。

又例如，部屬工作不力時的責罵，比表現良好時的誇獎更能使部屬成長，也是把回歸平均當成了因果關係。認為子女表現不好時的責罵，比表現好時的誇獎更有效，或者學校的體罰有效，都是同樣道理。失敗時責罵，下次成績變好常常並不是因果關係，只是回歸平均值罷了。

心理帳戶

假設你想看電影，到了電影院後，正想拿出事先買好的電影票時，發現電影票竟不翼而飛。你會重新買一張電影票嗎？另一種情況是，你想看電影，於是來到電影院，這時發現原本應該在錢包裡的一千五百圓不見了，你還會買電影票嗎？應該有人是第一種情況不會買電影票，而第二種情況會買。兩種情形都是損失一千五百圓，差別只在於，前者是已經花出去的電影票錢，而後者的一千五百圓，則不限於用來買電影票。換言之，同樣的一千五百圓，在心理上的份量卻不同。

雖然工作酬勞和樂透獎金都是錢，但人往往因為獲得的

方式不同，而有不同的花錢方式。此外，當我們以伙食費、娛樂費等用途區分來管理金錢時，即使發生意想不到的事，而需要改變金錢配置時，卻往往會在原先已決定的用途額度內做決策。同樣的道理，以一天為單位訂定收支計畫時，即使把時間拉長一點來考慮比較合理，但是到頭來還是以一天內的收支計畫為目標。諸如此類的特質，稱為心理帳戶。

可取得捷思法與代表性捷思法

我們都曾經因為無法取得或無法利用正確資訊，於是根據手邊的資訊或腦中當下浮現的知識來做決策，這稱為**可取得捷思法**。例如有時我們會相信朋友使用的藥物或治療法，而不是醫師提供的醫學資訊。

另一方面，在做決策時，不透過統計推論做出合理決策，只根據性質類似的事物做判斷，這稱為**代表性捷思法**。例如問：「學生時代從事學生運動的女性，現在比較可能從事的職業是『銀行員』，還是『女性主義的銀行員』？」回答「女性主義的銀行員」就是這種情形。「女性主義的銀行員」當然包含在「銀行員」當中，是銀行員的機率，顯然高於把範圍限縮在女性主義者的銀行員的機率，但是因為從學生運動聯想到女性主義者，於是就選了有「女性主義」字樣

的選項。

定錨效應

　　即使是完全無意義的數字，人有時會下意識把一開始得到的數字當作參考點，讓這個數字來左右自己的決策，這稱為定錨效應。9×8×7×6×5×4×3×2×1 和 1×2×3×4×5×6×7×8×9 兩組，人們往往判斷前者的數字大於後者，這是因為開頭的數字左右了我們的決策。精品店的櫥窗展示最高級的物品，暗示自己是一家高價位的店，消費者會被這個價格定錨，而覺得店內的其他商品是便宜的。

極端趨避

　　同種商品的價格和品質有「上」、「中」、「下」之分時，大部分的人傾向選擇「中」，而不是「上」或「下」，這稱為極端趨避。同樣地，在難以用絕對水準評判時，人們也會以參考點為基準，認為避開極端的選項比較好。

社會規範與同步效應

　　我們往往會看同事或鄰居的行為，來做自己的決策。這種現象既可以解釋成和多數人的行為一樣會感到安心，也可

以解釋成人會下意識地採取和大多數人相同的行為。另一種
解釋，是把同事或鄰居的行為設定為參考點，如果參考點是
同事的工作量，當自己的工作量少於同事的工作量，會有損
失的感覺，至少也要追上同事的工作量。想和大多數人的行
為同步也成為一種社會規範，是以社會規範當作參考點的行
為。

投射偏誤

　　將此時此刻的情況過度投射到未來，導致無法對未來做
正確的預測，稱為投射偏誤。肚子飽飽的時候去超市買晚餐
的食材，會買得比較少，肚子餓時去買則容易買太多。採購
時肚子餓不餓，和晚餐時肚子餓不餓並無關連，但人們卻把
目前的狀況，原封不動套用到未來的狀況了。

第 2 章

什麼是推力？

1. 創造推力

用手肘輕推

前面介紹了做決策時的各種偏誤。運用行為經濟學的特質，來導正決策的偏差，稱為推力（nudge）。

英文 nudge 的意思是「用手肘輕推」，諾貝爾經濟學獎得主理查‧塞勒 (Richard Thaler)，將推力定義為：「不禁止選擇，也不大幅改變經濟方面的誘因下，使人們的行為在選擇架構下，做出可預測的改變，該架構中所有的要素，稱為推力。」

想改變人的行為時，大多會透過法規來訂定罰則，以禁止某些行為，剝奪選擇的自由，或是透過課徵租稅或提供補助等金錢誘因。還有一種方法，是透過教育來改變人的價值觀。但是，透過教育來形成價值觀，無法期待在短期內產生巨大效果，對於正值義務教育年齡的學童或許有效，在此之外的年齡層就未必如此。

「推力」是用行為經濟學的方法，在保有選擇自由的同時，不透過金錢誘因，來改變人的行為。如果不付出昂貴的代價，就無法輕易逃脫的政策誘導，這種誘導不能被稱為推力。換言之，推力不是命令。例如在餐廳把水果放在跟眼睛

視線同高的地方，以鼓勵大家多攝取水果，這就是推力。但是為了增進健康，而禁止餐廳擺放垃圾食物，就不是推力。

推力是用行為經濟學的知識與見解，誘導人們做出更適切的行為。另一方面，運用行為經濟學的知識，促使人們做出自私自利的行為，或使人不做出好的行為，諸如此類不叫做推力，而是濫擠（sludge）。英文 sludge 原本有淤泥或污泥的意思。

舉例來說，上網購物時，網站預設了「訂閱廣告郵件」的選項，而且很難解除訂閱，這就不是推力，而是濫擠。又比如特賣活動時，可以用折扣價買東西，但規定必須在表格上填寫收據或商品編號再郵寄回公司，也是濫擠。領取社會保險金的手續異常繁瑣，也是一種濫擠。

思考人們的行為特質

設計良好的推力，會使我們做出更好的決策，像是如果是因為現在偏誤而有延宕工作傾向的人，只要創造一個會使延宕變得麻煩的推力即可。例如有些人上班時間不認真工作，動輒加班到深夜，可以規定原則上禁止深夜加班，但提供大清早加班的選項，如此還是保有選擇加班的自由，同時增加了大清早加班的麻煩，就能抑制延宕的行為。

　　如何設計出好的推力呢？經濟合作發展組織（OECD）
和行為洞察團隊（Behavioral Insights Team）等機構，針對推
力的設計程序提出了建議，其基本架構大致上都相同。OECD
提議的 BASIC（圖 2-1），是看見人們的行為（Behaviour）、
從行為經濟學的角度分析（Analysis）、訂定推力策略
（Strategy）、試著將推力導入實際情況（Intervention），產
生效果的話，就改變（Change）政策或制度。

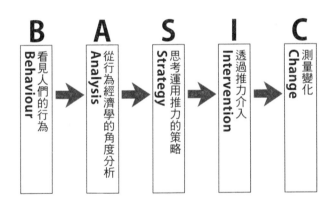

圖 2-1　推力的設計流程：經濟合作發展組織的 BASIC

　　ideas 42 這個組織提議的五階段程序，包括界定問題、思
考如何對症下藥、設計推力、根據推力的效果測試結果，再
大規模實施。行為洞察團隊則提議分三階段進行，就是測試

推力，根據驗證的效果，將其應用在政策上，其基本程序是：從行為經濟學的角度思考議題的背景、設計推力、進行測試。

　　讓我們試著進一步具體思考以上程序。一開始必須把決策的過程繪製成圖，了解決策程序，推敲決策過程中會發生哪些行為經濟學的偏誤以及影響。接著，從針對這些偏誤的幾種推力中挑選，判斷在技術限制下，哪一個推力可行，並且優先採取與較優決策相關的推力，而後驗證效果。

　　先來看看決策的過程。第一要檢討的是，當事人做決策時的特質。做決策的人是否意識到該決策的重要性，還是本人幾乎都是下意識地做出決策。假設某種行為，對當事人來說並不樂見，當事人也希望能夠改善，這時可以認為，這項決策對當事人來說是重要的，會經過一番考慮後，再做出決定。

　　假設當事人的行為是令人不樂見的，雖然當事人知道該決策的重要性，但或許因為某種偏誤，而做出令人不樂見的決策。或者當事人雖然做了正確的決策，想採取和決策一致的行動，但實際做出來的事卻不符本意。另一方面，如果是因為缺乏周全考量下的倉促決定，而做出令人不樂見的行為，第一步是讓當事人意識到問題的重要性，或是訴諸不自覺之下改變行為的推力，或許能發揮功效。

接著來想一想，這個決策是在什麼時機做下的，以及決策本身是當事人主動做的，還是在被動之下未經思考做的。

做決策時，有哪幾種選項？是否存在著沒有明確決定但卻選擇的預設選項？本人是否可能針對選擇造成的結果提供回饋意見？該行為的誘因，屬於金錢還是非金錢？未能採取令人樂見的行為，是因為金錢成本，還是心理成本？

接下來要檢討，做決策的人手上握有什麼樣的資訊。要具備什麼知識和建議才能做決策？當事人獲得什麼樣的資訊或知識？是文件資料、圖像資料，還是口頭資訊？是以什麼順序獲得資訊的？

進一步，做決策的人處在什麼心理狀態？做了好的決策時，好處是立竿見影，還是花一段時間才見效？如果是後者，很有可能因為現在偏誤而延遲，比較沒有機會學習好的行為和習慣，使其成為自己的一部分。

當事人多半在情緒起伏大的情況下做決策嗎？例如醫療的決策，大多是在當事人情緒激動時所做的；孩子出生或親人過世的時候，也會懷抱著不同的情緒。

有些決策無須花太多精力，有些則需要強大的決策能力和自制力。假設如果沒有強大的決策能力就無法做出好的決策，但卻是在意志力或自制力薄弱的時候需要做決策，就無

法做出好的決策來。

　　此外，做決策的環境也必須納入考量。這個決策是當事人一人決定就好，還是要顧慮他人的看法？媒體報導或專家意見，會影響決策嗎？這個決策會受到周遭人的行為影響嗎？如果是必須由當事人提出的決策，讓當事人自己提出這件事本身是困難的嗎？用以上的方式，整理歸納出決策的特質。

當事人希望見到自己的行為改變嗎

　　設計推力時最重要的是，清楚分辨究竟是當事人非常希望自己的行為有所改變，還是要讓當事人注意到過去自己不太在意的事，從而使他的行為改變（表 2-1）。

表 2-1　依照目的區分的推力

	自制力		樂見的行為
	內在激勵	外部激勵	外部發動
有意識的	為了避免酒駕，事先預約接送服務	為了鼓勵大家駕駛節能汽車，在儀表板上設置油費表	簡化稅制，促進大眾繳稅。設置「請勿亂丟垃圾」的標示。
不自覺的	把錢存入另一個帳戶，防止亂花錢	把不健康的食品擺在難以觸及的貨架位置	多人參加的自行車活動，為了宣導減速慢行，利用視覺的錯覺標示高低差。

如果是前者，原因多半是現在偏誤或是自制力不足，也就是說，理想和實際行為之間有落差。這時有效的做法是對想改變行為的對方，採取承諾機制或提高自制力的推力。

如果當事人本來就希望有合乎理想的行為，則只要提供承諾機制，他們應該就會選擇。例如當事人想多存點錢，讓他們選擇從薪水中扣除一定金額當作儲蓄，或者對信用卡設定消費額度。為了減重而承諾每天運動，如果一天不運動的話，就要罰多少錢，這種承諾機制，對想靠運動來減重的人，是很有效的推力。但是，為了健康而促使當事人去做不太想做的事，就不能採取這種承諾機制。

此外，讓當事人在有意識或不自覺之間改變自己的行為，推力的製作方針也不同。即使當事人本身希望改變自己的行為，但是因為維持現狀偏誤（status quo bias），而難以採取過去所不曾採取的承諾機制，這時改變基本設定值，會是有效的做法。當事人沒有明確做出決策時，即視為同意採取承諾機制；如果不想利用承諾機制，只要中斷使用即可。

器官捐贈就是具代表性的例子。根據 2017 年內閣府「器官移植民意調查」，41.9％的日本人表示被判定為腦死時，願意捐出自己的器官，但是由於包括日本在內的一些國家，是以「不捐贈器官」為基本設定，願意捐贈時必須做出意思

表示，導致實際去登記器官捐贈的人，僅有 10％左右（圖 2-2）。而將「願意捐贈器官」做為基本設定的法國等國，則逼近百分之百的水準。

另一方面，想鼓勵大家做出合乎理想或規範的行為時，必須使大家原本不在意的行為有所改變。由於沒有意識到這種行為，便不可能採取由當事人主動希望改變的推力，而是由政府等外部組織來設置推力，才是有效的做法。

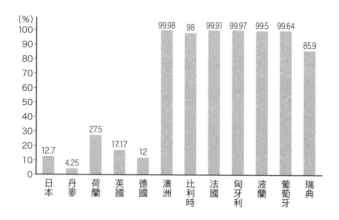

圖 2-2　器官捐贈的有效同意率（作者根據 Johnson & Goldstein〔2003〕*Science* 與 2017 年內閣府的「器官移植民意調查」整理而成）

喚起人們意識的做法，包括提供資訊時，利用損失趨避或訴諸社會規範的推力。也有讓大家在不知不覺間改變行為的方法，例如希望減少亂丟垃圾的行為時，設置「禁止亂丟

垃圾！」的標誌，這是透過外在的強制，使人意識到自身行為的推力；在路上畫出前往垃圾桶的足跡圖，誘使大家往垃圾桶前進，或者在亂丟垃圾情況嚴重的地方，擺一尊地藏（譯注：日本的民間信仰，將地藏賦予如道祖神一般性格，也是孩子的守護神）或設一座鳥居（譯注：神社用鳥居來區分神域與人類居住的俗界，是通往神域的入口），使大家不在神聖的場所亂丟垃圾，就是不自覺的推力。

「禁止亂丟垃圾！」或「在吸菸場所以外吸菸是違規的行為」之類有意識的推力，對那些明知故犯的人或許不太有效，人們也可能不去注意這類標示，這時在地上標示前往垃圾桶的足跡，或者前往吸菸區的箭頭，人就會在不知不覺間跟著走去。

如何挑選推力

要選擇推力，必須如上述去分析做決策的情況，了解會遇到行為經濟學上的哪些瓶頸（表 2-2）。

具體來說，應該檢視以下幾點。第一，當事人是知道自己必須去做但卻做不到，還是他不知道什麼是該採取的樂見行為。如果自己原本就知道該做卻做不到，要採取提高當事人自制力的推力。換言之，提供承諾機制，或使其容易訂出

具體計畫來。

　　另一方面，如果當事人不知道這是樂見的行為，就強調不做這個行為會蒙受的損失，讓當事人認識其重要性。如果當事人不明白何謂理想的行為時，可以運用基本設定值，或告知社會規範的訊息。

表 2-2　　決策的瓶頸與對策

瓶頸	對策
當事人知道該做，但做不到	➡ 提供啟動自制力的承諾機制、社會規範的推力
不知道什麼是樂見的行為，因此做不到	➡ 提供資訊，基本設定值的設定，社會規範的訊息
當事人本身有意願對自己施加推力嗎？	➡ 提供承諾機制，基本設定值承諾
只要提供正確資訊就好了嗎？	➡ 運用損失趨避、社會規範
資訊超載的情況嚴重嗎？	➡ 只提供必要資訊，讓當事人了解怎麼做是對的
是否存在與希望啟動的行為之間競爭的行為？	➡ 抑制競爭行為的推力（社會規範、制定成規則）

　　第二，當事人是否有接受推力的充分動機。如果當事人的意願很高，提供承諾機制就很有用，如果當事人的意願不高，就有必要由政府或組織來設定外部的推力。

　　第三，只要對資訊有正確認識，就能採取令人樂見的行

為，還是因為資訊超載而做不到？對資訊的認知出現問題時，為了能輕易了解資訊，運用損失趨避或社會規範，在正確時機提供簡單易懂的必要資訊，會是有效的推力。

第四，應該考慮，是否因為存在競爭性的行為，而導致當事人無法採取樂見的行為？還是單純因為懶惰而做不到？是否應該抑制競爭性的行為？是否應該推動目標行為等等。如果是受到誘惑所阻礙而造成瓶頸，就必須設計推力來抑制誘惑，例如把不健康的食品放到手難以觸及的陳列位置。

只要能釐清各種瓶頸的特質，針對引起這些瓶頸的行為經濟學特性，選擇適當的推力即可。但是很多時候會因為不同的狀況，導致可利用的推力受到限制。即使認為引進基本設定值或改變基本設定值是有效的做法，但首先這兩種做法是否為可能的選項，也會是問題。

此外，如果是因為必須做的決策非常複雜，才無法辦到，那麼就要檢討是否能把決策的程序簡單化。進一步來說，如果可以利用 IT 技術，減少做決策時的繁瑣，就有必要探討利用的可能性。

至於應該優先採用什麼樣的推力，最重要是所選擇的推力要能解決決策最初遇到的瓶頸。以提高自制力為目的的推力，只對原本就想採取行動的人有效，相較於基本設定值的

推力，收到效果的人有限。相反地，利用基本設定值的推力對多數人都有效，任何人都能收到同等效果。因此，推力在長期是否也有效果，是否能使人養成更好的習慣等，在考量優先順位時也很重要。

2. 推力檢查表

Nudges

　　以下是一個檢查表，供設計推力時檢查是否切合實際需要。提出推力這個名稱的塞勒與桑斯坦（Cass R. Sunstein）提出了名為「Nudges」的檢查表，包含以下六個項目：

1. 動機（iNcentive）
2. 了解映射（Understand mapping）
3. 基本設定（Defaults）
4. 提供回饋（Give feedback）
5. 預期錯誤（Expect error）
6. 將複雜的選項體系化（Structure complex choices）

　　設計推力時，要考慮幾個重點。第一，推力適用對象的動機。務必分辨當事人想採取某個行為但卻做不到，還是壓根就沒有想要這麼做。其次是將決策過程圖像化，釐清決策在哪裡遇到瓶頸而無法採取樂見的行為，如果可能的話，考慮將樂見的行為設計成基本設定值。如果當事人能對行為的結果提供回饋，就能了解行為結果帶來的好處，也有助於學

習和習慣的養成。再來是預測人們選擇時發生錯誤的情況，是因為選項太過複雜而不做選擇，還是做了錯誤的選擇。最後，把選擇系統設計成不需要很複雜的思考，也能做出樂見的選擇。

EAST

　　英國的推力設計部門——行為洞察團隊（Behavioural Insights Team，簡稱 BIT），提出了幾種推力檢查表。例如名為「EAST」的檢查表由於檢查項目少，負責設計推力的人可以隨時放在心上（表 2-3）。EAST 代表容易的（Easy）、吸引人的（Attractive）、社會的（Social）、及時的（Timely）。

　　EAST 的 E 為容易的（Easy），許多時候人們不做出樂見的選擇或行為，多半是因為選擇太複雜或麻煩，使用推力時，最重要的莫過於檢查推力是否容易。政府組織想採用推力，在編寫對外的訊息時，為了不出錯，多半會塞進一堆鉅細靡遺的資訊，或者一次傳遞多個訊息。

　　但是，從接收訊息方的角度來看，資訊一多就變得複雜，好不容易設計的推力也就發揮不了作用，因此首先應該檢查，複雜度是否導致政府服務的利用率下降。政府的主事者必然嫻熟於本身負責的業務，即使是極其複雜的文章或表達方式，

也能夠很快理解，但是對於初次接收資訊、或面對某個制度的人來說，連不需要的資訊也一併提出，真是繁瑣不堪。便利商店或車站月台，用箭頭或腳印標示排隊的地方之所以有用，是因為簡單易懂。如果不是使用箭頭或腳印，而是貼出「請在這裡排隊」的告示，誰都不會去讀這種告示牌。

表 2-3　推力的檢查表：EAST

E	容易的（Easy）	簡單易懂嗎？ 資訊量會不會太多？ 手續會不會太繁瑣？
A	吸引人的（Attractive）	吸引人嗎？ 吸睛嗎？ 有趣嗎？
S	社會的（Social）	有利用社會規範嗎？ 有強調多數人的行為嗎？ 訴求互惠原則嗎？
T	及時的（Timely）	做決策的最佳時機是？ 能很快就有回饋嗎？

EAST 的 A 為吸引人的（Attractive），也就是魅力。應該引起人們注意的海報如果寫成文章，任誰都不會去讀。宣傳海報能引人注意，是因為海報製作者清楚知道人們的特性，但是公家機關的說明文件無論內容難易，需要該項服務的人都得閱讀，如果不想透過罰則或金錢誘因來促使人們改變行為，推力就必須要能吸引人。

EAST 的 S 是社會的（Social），也就是是否能充分利用大眾的社會偏好。也就是說，把愛比較、會報恩、從眾、遵守社會規範等人類特質用在推力上。

例如鼓勵節約用電的推力若要能發揮功效，就要利用人們遵守社會規範的特性，把周遭的人的用電量和當事人的用電量做成表格，再給當事人。為了鼓勵大家去登記腦死的器官捐贈同意書，採取互惠訴求：「如果當你需要器官時希望獲得捐贈，你何不也貢獻自己的器官？」或是「大部分的人都同意捐贈器官」之類的訊息之所以能發揮效用，也是這個原因。

T 代表及時性（Timely），換言之推力的時機很重要。例如更換駕照時，同時能看到死亡車禍現場的影像和取得新的駕照，這時呼籲簽署腦死的器官捐贈同意，比較容易使人付諸行動。根據行銷的統計調查，紅酒與肉、智慧型手機與充電器等屬於互補性的消費品，因此向購買某樣商品的人建議大部分的人會同時購買的商品，就能提高購買後者的可能性，這是因為趁著消費者購買第一項商品的時機點，同時提供互補性商品銷售的緣故。

若是希望抑制人們做出不樂見的行為，必須在可能做出不樂見行為的時機點，傳送抑制人們如此做的訊息。如果希

望人們長期有更好的行為，就要趁著人們比較會去思考未來的那些場合，提出訊息。

如何減少因為現在偏誤而一再拖延該做的事，或者繼續做不好的事？飲食過量之類的不良行為的後果，要過一陣子才顯現，因此遲遲無法改善。若是如此，可以在人們做出應該抑制的行為時，對行為結果提供易懂的回饋意見。

MINDSPACE

行為洞察團隊也提出名為「MINDSPACE」的九項檢查表。M 代表傳信者（Messanger），是指傳遞資訊者對我們有重大影響。製作推力前，必須考慮到可取得捷思法等因素，也就是人們會受到快速入手的資訊影響，且容易受電視、報紙、社群網路的資訊影響。

I 是誘因（Incentives）。行為經濟學多半能預測人們對誘因的反應，例如人有損失趨避的傾向，對損失的反應會大於對獲利的反應。N 是典範（Norms），也就是社會規範，他人採取什麼行動會對我們有巨大影響。D 為基本設定（Defaults），也就是人們傾向於去遵守基本的設定。不主動做出意思表示時，很多人會根據什麼決定被認為是對的（即基本設定）來做決策。

例如，生活保護等等的社會保險給付，光是符合條件還無法領取，要完成社會保險的請領手續，才被視為有受領的意思表示。明白表示要加入某個制度後才能參加，稱為「選擇加入」（opt-in）；相反地，基本設定為參加，「退出」成為選項時，稱為「選擇退出」（opt-out）。設計推力時，一定要妥善地設計基本設定值。

其次是 S，也就是亮點（Salience）。人會把注意力集中在新奇或是與自己有關的事物上，因此需要下點工夫去喚起大家注意。P 是心理學的用語「促發」（Priming），是指我們的行為會被沒有意識到的蛛絲馬跡所影響，換言之，我們會在無意之間被事先接收的訊息影響，而採取或不採取接下來的行動。

例如先展示紅色，再請大家想一種水果的名稱，這時最容易想到的是草莓或蘋果，也是一種促發。讓受試者看沒有意義的數字，之後這個數字對決策的影響即所謂定錨效應（anchoring），或許也是因為受到促發。

A 是情感（Affection），人的決策會受到情感左右。研究發現，人們在恐懼時會變得規避風險，生氣時會感受不到風險，此外還有關於天氣和股價相關的研究。接著，C 代表承諾（Commitments），人往往會兌現公開的承諾或親自做的

明確決定，或是做出以恩報恩的互惠行為，只要運用這種行為傾向，就能防止因現在偏誤造成延宕，而導致計畫無法達成的情況。最後的 E 是自我（Ego），也就是人傾向做出提高自身滿意度的行為，有效的推力會配合人們的這些特性。

3. 推力的實例

存養老金的決策

關於決策的具體案例，請來思考一下要存多少養老金（圖
2-3）。為了支應老年的生活費，從年輕時就應該了解老年儲
蓄的重要性。如果無法了解存養老金很重要，可能是因為不
把「退休」這件遙遠未來的事當一回事吧？因此必須提供資
訊，讓大家知道存養老金的重要，例如如果現在不儲蓄，老
年的生活水準會下降多少，利用人們損失趨避的心理，可能
會很有效。至於已經理解了存養老金的重要性卻不開始存錢，
則是下一個階段的問題。

了解了存養老金的重要性之後，下一步要決定分配多少
金額給養老金，也就是決定現在持有的資金當中，要存多少
以供未來使用。如果計算養老所需的儲蓄金額必須進行複雜
的計算，就可能產生瓶頸。這時候，提出養老儲蓄的基本原
則，提供可以簡單算出養老金的 App，會是有效的推力。

假設決定了要存 X 萬圓的養老金，但光是決定金額還不
夠，還需要在金融機構開立養老金的儲蓄帳戶。雖說網路就
可以開戶，但是不僅花時間，填寫資料也挺麻煩的。如果開
戶是個問題，花點心思簡化開戶程序，或規定就職時就必須

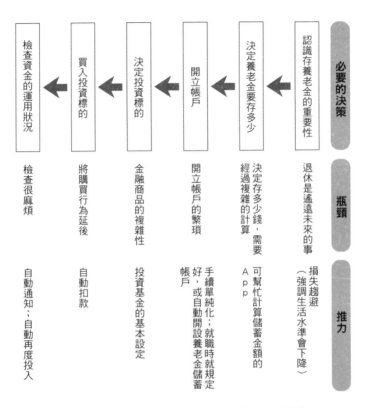

必要的決策	瓶頸	推力
認識存養老金的重要性	退休是遙遠未來的事	損失趨避（強調生活水準會下降）
決定養老金要存多少	決定存多少錢，需要經過複雜的計算	可幫忙計算儲蓄金額的 App
開立帳戶	開立帳戶的繁瑣	手續單純化；就職時就規定好，或自動開設養老金儲蓄帳戶
決定投資標的	金融商品的複雜性	投資基金的基本設定
買入投資標的	將購買行為延後	自動扣款
檢查資金的運用狀況	檢查很麻煩	自動通知；自動再度投入

圖 2-3　儲存養老金的決策、瓶頸、推力

開立養老儲金帳戶或自動開設帳戶，都是不錯的辦法。推力的時機很重要。

　　開戶完成之後，接著要決定買哪種金融商品，像是決定要買股票型或債券型基金、基金投資標的以國內還是國外為

主等等。如果養老投資基金有基本設定的話，會比較容易選擇。

假設決定好了投資基金，但是到了要實際投入金錢的時候，或許會想拖到下個月再存。為了防止這種情形，有必要從薪水自動扣款，轉入投資帳戶。

假設順利把錢匯入了投資基金，基金也開始運用這筆錢，但並非這樣就能照著預定的計畫存到養老金，還必須檢查投資的收益是否在預定的範圍內。如果某個投資標的的收益大幅下降，或是某支股票的股價似乎已經到高點，就有必要對投資資金進行重分配。如果不勤於檢查投資收益或進行資金重分配，就無法如自己所想的增加儲金。如果是因為資金的運用方式出問題，而無法增加養老金，就必須思考因應的推力，例如用淺顯易懂的方式，定期將資金的運用狀況告知投資人，或是採取自動進行資金重分配的服務。

天災的預防性避難

像颱風、豪雨這類自然災害，是事前可以得知的，這時會發布避難指示或避難建議，但問題是只有一小部分的人會真正採取避難行動，因此在發布避難指示時，人們決定採取避難行動是經過怎樣的決策過程呢？首先，要認識避難的重

要性。接著，思考何時應該避難。再來是到哪裡避難，以及如何避難。

以前的防災教育，重點在讓大家知道避難場所的位置。例如 2014 年廣島縣土石流導致 77 人喪命後，舉行「大家一起來減災」的全縣動員運動，並訂定五大行動目標，分別是：（一）「知道」自家附近的避難所位置；（二）因氣象報告或避難建議，「了解」災害發生的危險性；（三）採取到避難所或安全處所避難等「行動」；（四）周全準備；（五）學習。

其中又以居民「了解」災害與避難行動的實際情況為其重點。結果，因為「大家一起來減災」的全縣動員運動而得知避難所或避難路線的住民比率，從 2014 年的 13.2％大幅提高到 2018 年的 57.2％。但是 2018 年 7 月的豪雨，只有不到 0.74％的人採取避難行為，導致死亡或失蹤者高達 114 人，換言之，採取避難行為的人並沒有因為防災意識提高而增加。從上述避難的決策過程來看，雖然人們知道去哪裡避難，但是對於避難重要性的認知以及決定避難的時機，可能是問題所在。

關於這點，可以將人分成三類。第一種人，認為避難對於身心造成的負擔，大於留在家裡，也就是認為「避難的成本」高於「留在家裡的成本」。他們高估了避難成本，包括

像是前往避難所途中遇到危險的可能性、在避難所生活的不便、避難期間健康狀況惡化等。即使對以上幾點作出合理判斷，也可能高估了避難生活的不便，並且低估了待在家裡的危險。

第二類人，是即使認識到待在家裡的成本高於避難成本，但是立刻去避難很麻煩，也就是因為現在偏誤而拖延著不去做。

第三類是為了避免損失而甘冒風險的人。參考點是還沒有發生損害的現在，當面對損失風險時，基於損失趨避的特性，對確認發生損失感到厭惡，因此即使有發生巨大損失的風險，往往還是選擇維持現狀的選項。發生災難時，避難本身會產生移動的成本，但是待在家裡不動的話，或許會遭受巨大損害，但也可能毫髮無傷。人類只要有維持現狀的可能，往往就會賭一把。

這時候，可以考慮用什麼樣的推力（表2-4）呢？如果大部分的人屬於擔心避難成本的第一類，那就要讓大家知道其實避難成本是低的。如果是對避難所生活敬謝不敏，就要宣布免費發放食物、飲料和毛毯，讓大家在避難所能有舒適的生活；或是傳達損失的訊息，告訴大家不去避難所就無法確保衣食無虞。另一種方法是詳細說明如果待在家裡，到頭來

需要他人救援，會為他人造成多大的負擔和成本。

　　至於第二類會拖延的人，由於當事人本身有覺察到應該避難，因此要讓他們承諾在危險狀況時會避難。具體來說，就是事前請他們本人填寫「在公布哪個階段的避難資訊時會去避難」，會是一種有效的做法。個人、地區、組織先設定早期避難的時機和標準當作「避難開關」，是有用的承諾機制，也可以利用自己觀察到的現象做為開關的標準。

表 2-4　預防性避難決策的瓶頸與推力

預防性避難決策的瓶頸	可選擇使用的推力或訊息
經過判斷，認為避難比待在家裡更讓人身心疲憊	「去避難所，就能夠取得食物或毛毯」 「不去避難所，就拿不到食物跟毛毯」 「待在家裡不走，萬一受災，還要麻煩別人來救援」
雖然知道避難比較好，但因為現在偏誤而拖延避難行動	發出避難勸告時，在避難通知上增加以下資訊： 「現在就去避難所的話，就能確保有地方睡覺」 「現在避難，就能確保飲水和食物無虞」 「你不去避難，就會置他人生命於危險之中」 「率先避難去！」
由於高估避難成本，以及即使不避難也有可能不會受到損害	「請用簽字筆在自己身上寫下姓名和地址」 「請攜帶可以判別身分的物品」

　　或者，宣布的時候強調「即刻」，例如「即刻去避難所，就能確保有地方可睡」、「不即刻去避難，就進不去了」、「即刻去避難，就能確保飲水和食物無虞」。也就是製造一個不能拖延的狀態，或讓大家知道拖延的行為本身會吃虧，都是對付現在偏誤可採取的推力。

　　運用「社會規範」也是有用的推力。人類傾向於將多數人的行為視為社會規範來遵從，應用到防災上，若是宣布「大家幾乎都已經在採取避難行動」，就可能誘導大家去避難。分析廣島縣的民意調查或訪問調查，發現事前避難的人大多表示是因為「身邊的人已經去避難」或「消防隊的人建議避難」。用「大部分的人都已經去避難」的訊息來誘導大家避難，會是有效的推力。但是，實際上很多人即使感到有危險，卻還是不去避難，因此很難原封不動地使用這種推力。

　　但是，如果「身邊的人去避難的話，其他人也會跟進」是大家的共識，這時「自己去避難，等於是救了別人一命」或「自己不去避難，等於置他人生命於危險之中」的訊息就能發揮功效。釜石市的海嘯防災教育獲得良好成效，就是教導學童以下三個原則：（一）不要自以為是；（二）在當下的處境做最大努力；（三）率先去避難。

　　其中第三個原則「自己率先去避難，就能拯救大家的命」

是很好的推力。以上三原則的提倡者，有提到背後的故事。三一一地震發生海嘯時，許多釜石市的居民看見中小學生集體避難而跟著避難，換言之帶頭避難的孩子們，竟也拯救了附近大人們的性命。

2019 年廣島縣的民意調查結果發現，「之前發生豪雨時，因為避難建議而去避難的人，幾乎都是因為身邊的人都去避難，自己才去避難的。如果你不去避難，就會危及他人生命」。或者「你去避難，可以救人一命」的訊息，對提升避難意識很有幫助。

第三類因為損失趨避而不採取避難行動的人，該用什麼推力才有效呢？他們的參考點是，現在不避難還活得好好的，照這麼下去，與其去避難而確定發生損失，還不如冒險不去避難看看。因應這類型的人，在表達方式上要花點工夫，讓他們覺得避難不是損失，而是獲益。只要是獲益，大部分的人都會聽從，也就是說，這時該用的推力，是能夠改變參考點的訊息。

美國的龍捲風登陸時，有效促使不去避難的人避難的做法，是告訴大家「留下來的人，請用奇異筆在身上寫上社會安全號碼」。聽到這個訊息的人，就知道這是為了罹難時確認身分用的，於是會想像自己死亡的樣子，而死亡也成為參

考點。如此一來，避難然後生存下來就不再是損失，而是獲益，最糟的情況成了參考點，於是人們會採取行動以確保自己安全。如果在日本，請大家「用奇異筆在身上寫姓名和住址」或「請隨身攜帶足以判別身分的物品」，應該也是有效的做法吧。

推力危險嗎？

許多人對推力抱持否定的看法，認為推力誘導人的選擇方向，是件危險的事；就算推力的前提是確保選擇自由，但對選擇的影響卻是不爭的事實，使人的選擇自由遭到扭曲，是人們不樂見的影響。想利用推力的政府，考慮到人民無法做出對自己好的選擇，認為為了人民著想，應該提供影響或修正選擇的機制，也就是採取溫和專制（paternalism）作風。批判推力的人，就是反對政府這種限制選擇自由的溫和專制主義。

由於推力讓人覺得是在暗地裡操縱人，因此有人對推力抱持排拒的態度。例如我們的決策，很容易受到基本設定值的影響，有人對於把基本設定做為推力來使用抱著排斥感，但是在我們周遭，無論是有意還是無意，本來就充滿了包括基本設定在內的推力。但即使是對使用定錨效應的推力持批

判態度的人，購物的時候，還是會第一眼就看到某樣商品。

　　在日本，器官捐贈的意思表示，是以不捐贈器官做為基本設定。在做任何選擇的時候，確實有必要先想到我們的判斷，會受到選項的呈現方式的影響。

　　然而，有些反對推力的人認為，溫和專制會降低人民的福祉，並損害人民的自主性。以下是認為人民福祉會下降的理由。

　　第一，人的喜好是多樣性的。第二，人或許會做錯誤的決定，但可以從中學習，而推力剝奪了人的學習機會，這不是一件好事。第三，製造推力的政府或官僚本身也會有偏見或偏誤。第四，推力使某個特定的商品成為搶手貨，會影響自由市場競爭，也會影響到人們開發新產品或服務的意願，最終吃虧的是消費者。

　　有關第一項，喜好的多樣性，推力本來就保障選擇的自由。此外選擇自由未必能提高當事人的滿意度，現在偏誤或選項超載等例子已清楚說明。第二，推力使人喪失學習機會，這種批判不適用於人生中只出現幾次的決策，而且只要推力能提供資訊或學習機會，就沒有這個問題。

　　有關第三項，政府、官僚的偏誤問題，政府使用推力時應該透明，且有責任說明清楚。關於第四項扭曲市場競爭的

問題，因為公害等外部因素，或買賣方獨占而導致市場機制無法發揮時，即使是重視市場競爭的傳統經濟學，也認為政府介入是正當的。在市場機制失靈時，應該以減少外部性因素、促進市場競爭等形式導入推力，而不是與自由的市場競爭對立。

　　至於批判溫和專制主義的政策使人民喪失自主性，推力本來就是確保選擇自由，並不反對自主性決策。但是，或許有人會批判，推力的基本設定值會減少人們自主選擇的機會。關於這點想要說的是，我們在日常生活中，原本就不可能每件事都是獲得資訊後再做出決策，大部分都是遵從某人的決策，或只是按照規定或習慣。遵從這類的基本設定能節省時間、精力，在思考更重要的問題時，便可能做出自主性的決策。

第 3 章

職場上的
行為經濟學

1. 從三個例子講起

如何排定打工班表

　　你在球場打工一個禮拜賣果汁，工資是營業額的某個百分比。雇主提示：「你一星期要工作五天共 20 小時，可以自己排定班表，當天決定工作的時間即可。一般打工者的每日平均營業額為四萬圓。」這段期間你沒有安排其他事，你該如何排定班表？請從以下選項中選擇。

　　A. 每天工作四小時

　　B. 每天工作到達成目標營業額四萬圓為止

　　C. 生意好的日子，多工作一點

　　營業額會隨著天氣或賽程改變，因此營業額的變動是隨機的。在這個例子中，預期營業額最高的工作方式是 C。在工時 20 小時的限制下，生意好的日子工作久一點，生意不好的日子工作少一點，可以使總營業額達到最大。居次的是每天工作四小時的 A，至於設定固定目標的 B 則營業額最少，因為生意不好的時候，為了達成目標而拉長工作時間，在總工時 20 小時的限制下，到了生意好的日子反而只能工作一點

點時間。

　　但是，C 的工作方式是有陷阱的，也就是每天都以為當天的營業額蠻少的，結果到最後一天可能還達不到預定的工作時數。也就是說，可能會因為現在偏誤而將工作往後延，沒有在當下做出最佳選擇。在總工時 20 小時的情況下，B 的工作方式最沒有效率，果汁不好賣的日子長時間工作，賣得好的日子很快達成目標，於是提早結束工作。而 A 的工作方式則是介於 B 和 C 之間。

預測計程車駕駛的行為

　　下雨的時候很難叫到計程車，這時計程車的供給不變，只是需求增加了。但是，客人增加，計程車駕駛每小時的收入提高，比平常多工作幾小時應該也無妨，這麼一來供給自然也增加了。計程車駕駛的行為，究竟會不會如同傳統經濟學的預測呢？

　　關於參考點對於勞動供給的影響，這個行為經濟學的預測，最知名的研究是針對紐約的計程車駕駛勞動狀況的分析。其實，要用實際資料來驗證「當收入增加，勞動時間是否也跟著增加」的基本經濟學假說，卻是出乎意料的困難，因為大部分的勞動者未必每天都能自己決定工作時間，生產力或

收入也並非每天變動。

　　不過，計程車駕駛不同，其每小時的實際收入，會因為每天的天氣、地鐵是否故障、星期幾、例假日、是否有大型會議、有無音樂會等活動等不可抗力的因素而改變，而且某種程度上可以自己決定每天工作的時間。計程車行或個人計程車不會因應需求而改變收費，但計程車駕駛攬客的時間，卻是每天不同。當空車行駛的時間變短，每小時的收入就增加。

　　其中，利用智慧型手機的計程車配車服務「優步」（Uber），會隨著需求而改變計程車資，當每天的收費變動時，根據傳統經濟學的預測，計程車駕駛在每小時收入較高的日子，會拉長工作時間，收入較低的日子，會提早結束工作。

　　但是，這是當勞動者的時間視野超過一天，所自然會採取的行動。假設只有今天計程車的收入增加，明天起又恢復跟平時一樣，則勞動者在那一天延長工作時間、減少休閒時間，於是當日所得增加，明天開始勞動時間減短、休閒時間增加。如果能用未來增加的休閒，來代替今天縮短的休閒，從休閒獲得的滿意度幾乎不會改變。

　　也就是說，每小時收入高的時候工作較長時間，收入低的時候工作較短時間，即使每週或每月總工時不變，所得也

會增加。用經濟學的術語來說,這是因為收入劇變屬於暫時性,不會發生所得效果,只發生替代效果。所謂所得效果,是指所得上升而想要更多休閒,導致勞動時間變短。

另一方面,當今天的收入增加,明天起這個收入水準成為常態,結果會如何?這時許多人會覺得沒有必要趕在今天拼命工作,因為常態性的收入增加等於是一輩子的收入增加,人會因為變得富裕而想要享樂,也就是發生所得效果,使得勞動供給下降。

也就是說,如果依照傳統經濟學的說法,每小時收入隨機變動的計程車駕駛,在每小時收入高的時候,預期將會工作較長時間,依這說法,計程車駕駛的每小時收入和勞動時間,應該存在可觀察到的正相關才對。幾位研究者用紐約計程車駕駛的值勤資料,實證分析以上預測正確與否,結果發現幾乎在每種情況下,收入對勞動時間有負面影響,也就是每小時收入高的日子,計程車駕駛會提早結束工作,特別是資歷較淺的駕駛,當收入提高 1%,勞動時間會減少 1%。

行為經濟學的解釋

以上結果與傳統經濟學的預測不符,於是研究人員用行為經濟學來解釋這個現象。第一,計程車駕駛的眼光是以一

天為單位，可能短於傳統經濟學設定的期間。即使某一天的收入暫時性增加，但只要眼光只有一天，於是會產生所得效果，當所得效果超過替代效果時，就會出現前述的結果。

第二種可能性是參考點的影響，也就是計程車駕駛設定了一天的所得目標並以此做為參考點。當所得低於參考點時，計程車駕駛會感到有損失而使滿意度大幅下降，而當所得高於參考點時，滿意度則小幅上升。在這情況下，計程車駕駛在收入到達參考點時結束工作的可能性變高，也就是說，每小時收入高的話，快速到達參考點，反之則比較慢。由此可知每小時收入與勞動時間呈現負相關。

計程車駕駛可以自己設定休息時間，會使每小時收入的計算產生誤差，而影響到收入與勞動時間的關係。那麼，有沒有方法可以不使用每小時收入來分析計程車駕駛的行為？如果有目標所得當成參考點，即使不使用每小時收入，也可以直接驗證行為經濟學的假說。換言之，其他研究者針對以下假說進行驗證：假設參考點是每天的目標所得，當一天的累積所得金額高時，應該會有較高機率結束工作。

結果發現，結束工作與累積所得金額無關，而是和一天的累積工作時間有關，也就是將目標所得金額做為參考點的假說不成立。此外，研究者也根據實際資料，驗證計程車駕

駛是否每天設定不同的目標所得，達到當日目標時，結束工作的機率較高。結果發現，目標所得額確實有影響力，但是每天的目標所得額變動幅度很大，且計程車駕駛幾乎都是在達到目標所得之前，就結束工作。

　　幾乎所有的計程車駕駛，都是在達到目標所得之前就結束工作，因此實際上目標所得對勞動供給幾乎不具影響力。目標所得變動大，導致隨機的急遽變動成為勞動供給的主要決定因素，以致難以用目標所得假說來說明。

　　對計程車駕駛的行為經濟學研究還沒有結束。其他研究者使用相同資料，在傳統經濟學與行為經濟學之間取得折衷，並在這個基礎上建構模型，認為駕駛從所得或勞動時間的水準與目標之間的差異，都能獲得滿足。他們推測，計程車駕駛根據出勤日的前半天，設定當天合理的目標所得與目標勞動時間，在達成其中之一的目標時，就有較高機率停止工作，且參考點幾乎不變，與展望理論的看法一致，也就是計程車駕駛的行為仰賴其參考點。

職業高球選手的損失趨避

　　依賴參考點或者縮短時間範圍來做決策，相較於時間範圍較長且不在乎參考點做決策的人，前者的長期利益比較小。

在針對計程車駕駛的研究中，也僅限年資淺的駕駛，才會採取有別於傳統經濟學所預測的行為。那麼，是不是在所有行業中，生產力提升至最高的勞動者，都無法觀察到行為經濟學所描述的特性呢？答案是否定的。

有研究發現，一流的高球選手也有損失趨避的行為。該研究使用美國的職業高球選手的資料，發現存在著因損失趨避而造成的偏誤。職業高球錦標賽在四天當中每天打十八洞，累積桿數最少的選手獲得優勝，也就是眼光是放在七十二洞的總表現。但是，由於每洞訂有標準桿數，大多數選手會將標準桿（par）視為參考點，當桿數高於標準桿時，往往視同失分。相對地，打出低於標準桿一桿的博蒂（birdie），或低於標準桿兩桿的老鷹（eagle），就視同加分。多於標準桿一桿的博忌（bogey）或兩桿的雙博忌（double bogey）就是失分。但是，只要七十二洞的總桿數最低就可以獲勝，無須思考每一洞究竟是加分還是失分。

如果職業高球手把桿數高於標準桿視為失分，對於達不到標準桿感到極端厭惡，在平標準桿的推桿時，應該會比其他情況下的推桿更專注。研究人員控制在果嶺上從球到洞之間的距離等各種條件，發現職業高球手在平標準桿時的推桿成功率，高於博蒂球推桿的成功率，表示即使是一流高球選

手，也難逃損失趨避造成的偏誤。對於高球選手來說，無論是博蒂的推桿還是平標準桿的推桿，用同樣的專注力來擊球，成績會比較好。

以上研究還有個有意思的地方，就是在博蒂球推桿時，相較於平標準桿推桿，推桿不進的原因並不是因為所打的距離超過球洞，而往往是打得太短。一般來說，短距推桿被認為是比較保險的做法，博蒂球推桿時經常採取保險的做法，與情勢有利時打安全牌，情勢不利時往往放手一搏的損失趨避一致。

那麼，像這種有強烈損失趨避的職業高球手，在獲得的獎金排名上是否多半比較後面？根據該研究推測的結果，獎金排名高和低的選手，都觀察得到損失趨避的傾向。

還有研究更直接觀察到職業高球選手的損失趨避傾向。圓石灘高爾夫球場（Pebble Beach Golflinks）與奧克蒙特鄉村俱樂部（Oakmont Country Club）都舉辦過美國高球公開賽，其中圓石灘高爾夫球場從 2000 年以後，第二洞的標準桿就從五桿降為四桿，奧克蒙特鄉村俱樂部的第九洞也從標準桿五桿降成四桿。儘管兩處球場的設計沒有更動，但自從標準桿改成四桿後，美國高球公開賽的選手們擊球桿數也跟著減少，由此可知即使是一流高球選手，也會以標準桿做為參考點。

2. 同儕效應

當優秀同儕加入時

　　假設有一位生產力高的同儕加入你工作的地方,你的生產力會產生什麼變化呢?如果是團隊工作,你就算偷點小懶,拜那位優秀的同事之賜,應該還是交得出跟以前一樣的成果,你的生產力甚至有可能提升。

　　第一,你可能會不自覺,把優秀同事的工作態度當作參考點,努力與他的生產力並駕齊驅。當他人的生產力或努力程度成為參考點,自己的努力程度較低時,會感到不如人,於是當他人的努力程度提高,自己也會更努力。第二,如果你有互惠偏好,或許也會變得更努力,原因是如果生產力高的同事讓全體受惠,你會想報答對方的努力。

　　第三,你可能會因為感到社會壓力而變得比較努力。生產力低的勞動者,感覺自己被生產力高的勞動者看在眼裡,或許會以自己的低生產力為恥,或者為了防止自己在同儕中的評價降低,而提高生產力。第四,從生產力高的勞動者身上學到知識技術,可能因此提高你的生產力。同儕對其他勞動者生產力的影響,稱為**同儕效應**(peer effect)。

　　使用實際資料證明同儕效應時,需要明確分辨個人與同

儕的生產力。發生同儕效應時，由於同儕對自己的影響和自己對同儕的影響同時存在，必須辨別出同儕對自己影響的部分。有幾個研究，就是在克服這個問題。

超市的收銀結帳櫃台

有個研究利用美國連鎖超市收銀員的大量資料，來衡量同儕效應。透過在同一個時段，在同一家店的收銀員資料，發現當同儕生產力高的時候，每一位正在工作的從業人員，生產力也會上升。根據該研究的推測，當同儕生產力上升 10％，同一個工作場所的其他從業人員，生產力上升 1.5％。值得玩味的是同儕效應發生的原因。

在超市的結帳櫃台，工作人員是以前後排列的方式在工作。假設你是收銀員，可以觀察到前方同事的工作情形，在你後方的同事，則可觀察到你的工作情形。你會在前方同儕生產力高的時候，還是在後方同儕生產力高的時候，更加把勁地進行結帳工作呢？

研究結果是，被生產力高的同儕看見時，自己的生產力會提高，而看著生產力高的同儕時，自己的生產力則不受影響。不僅如此，只有當原本就知道在自己後方的勞動者生產力高的時候，才觀察得到以上結果。也就是說，這個現象符

合以下假說：感受到背後有個生產力高的同儕正在看著自己時，會產生社會壓力，因而更努力工作。如果是以同儕的生產力為參考點，看著同儕的工作狀況，自己的生產力應該也會有所改變才對。

由於超市收銀櫃台的結帳作業，是以一個團隊在進行，因此在團隊生產的情形中，是透過同儕的社會壓力而發生同儕效應的。只是，實務上很難應用這樣的結果，來提高生產力。因為結帳收銀員多半為兼職，當班的時間也不固定，常常必須按照生產力的高低，來改變工作人員的配置。

游泳比賽的計時賽

當勞動者相互競爭而非團隊生產的時候，無法靠別人的生產力來搭順風車，這時或許更容易觀察到正向的同儕效應。日本的研究者根據游泳競賽的資料，分析處在競爭環境中的人，是否會因為周遭的影響而改變其努力的程度。

研究者使用日本小學生到高中生，100 公尺自由式和仰泳的時間決勝資料。游泳大賽如同奧運比賽，要在預賽、準決賽、決賽取得勝利，才能獲得優勝。選手分成好幾組游泳，在所有的組當中，最快速的選手獲得優勝，也就是所謂的「時間決勝」。在時間決勝制度的基礎上，同時間游泳的競賽選

手，是由最快時間較接近者所組成，他們只是一起比賽，但並非直接的競爭對手。為了取得優勝，不管同時游泳的選手（即同儕）實力如何，都得盡最大努力才行，所以在時間決勝中，不管隔壁水道的同儕是誰，選手都有盡全力的誘因。儘管如此，選手們會受到同儕影響嗎？

根據游泳競賽的資料，研究者將各個選手至今的最佳成績、游哪一個水道、游泳比賽、游泳池等的影響納入考量。游自由式時能確認左右兩側對手的位置，仰泳則完全無法確認。因此，可以用能否觀察到同儕的狀況，來檢驗對努力程度的影響。此外小學至高中的游泳大賽，會有選手棄權的情形，而使得兩側水道沒有選手游泳，也可以藉此檢驗同儕的存在會有什麼影響。

用 100 公尺自由式的資料研究發現如下。當隔壁水道是比自己慢的選手時，比起兩側都沒有人的時候游得快，而隔壁是比自己快的選手時，則會比一個人游泳時慢。

但是，在看不到兩側選手的一百公尺仰泳時，觀察不到同儕效應。以上結果符合之前的假說，也就是把隔壁水道的游泳選手速度做為參考點，輸給最快速度比自己慢的選手時，會有損失感。

不過，該項研究只證明在游泳大賽競爭環境中存在同儕

效應，並不能分析選手在一起練習，而產生同儕的學習效果等長期影響。於是，同一群研究人員，改變游泳選手的分組，調查他們加入的團隊，對那些原本就在隊裡的選手的成績有什麼影響，以及一起練習時的同儕效應。當優秀選手換組後，原本就在隊上的選手們，時間上明顯有進步，可見游泳比賽也存在正向的同儕效應，因而使其他隊員更加努力，或精進技能。

第 4 章

拖延行為

1. 關於薪資

參考點的效果

「（案例一）物價上漲 2％時，薪水增加 1％」與「（案例二）物價下跌 2％時，薪水減少 1％」，哪一種情形你會比較高興？

或許薪水增加的案例一，會使你比較高興，不過，你的生活水準的變化，是名目薪資的上漲率減去物價上漲率之後的實質薪資變化率。實質薪資的變化率，在案例一為 -1％，案例二為 +1％，因此案例二才會使你的生活水準提升。儘管如此，很多人都會覺得薪水增加總比薪水減少要好。

事實上，很多人都知道，即使在物價下跌的通貨緊縮，或經濟不景氣導致失業率上升，薪水也不太容易往下掉，原因之一是，現在的名目薪資成為參考點，低於參考點就視同損失。即使物價下跌，名目薪資也不太容易減少，理由之一就在於一旦減薪，勞工會失去對企業的信賴而士氣低落。由於減薪會帶來這樣的結果，一些不採取減薪做法的企業，到了景氣回升時，也不會加薪。

傳統經濟學對年功薪津的解釋

日本多數企業採取年功薪津制，也就是新進員工的薪水較低，之後薪水會隨服務年資的增加而上升。年功薪津制的問題在於，員工的薪水與生產力乖離，也就是生產力高的年輕員工領較低的薪水，而那些即將退休、生產力變低的員工卻坐領高薪。由於員工的薪水會隨著年齡而增加，因此即使人口高齡化，但對高齡者的再雇用並沒有什麼進展。其實，年功薪津也可以用行為經濟學來解釋。

從行為經濟學的角度說明年功薪津之前，先介紹傳統經濟學對年功薪津的解釋，有以下三種說法：

第一是從人力資本理論來看，也就是勞工進入企業後，逐漸累積經驗，獲得上司或前輩的指導並接受在職訓練等，於是生產力逐漸上升，薪資也跟著增加。簡單來說，年功薪津反映了生產力的上升。

第二是誘因假說（incentive hypothesis），也就是年輕時付給低於生產力的薪資，年紀增長後付給高於生產力的薪資。為什麼年齡高的人領比生產力高的薪資，這樣的機制會有助於提升員工的工作意願？這是因為，萬一被發現偷懶會遭到解雇。年輕時領取比生產力低的薪資，如果不工作到退休就無法回本，如果偷懶而導致提前遭到解雇，在這家公司就只

是領到低於生產力的薪資，因此會努力不偷懶地繼續做下去。因犯了重大錯誤而遭到解僱，無法領取退職金，也是同樣的機制。

第三，隨著服務年資增加，只有生產力高的人會繼續待在公司，而這些服務年資長的人，薪資也較高，這稱為選擇假說（selection hypothesis）。對每一位勞工而言，無論在哪裡工作都會遇到順心或不順心的事，工作環境適不適合自己，也會影響到生產力，與服務單位合不來的人，會慢慢地一個個離職。

行為經濟學對年功薪津的解釋

行為經濟學對年功薪津的解釋如下。如果把現在的薪水當作參考點，薪水增加就覺得獲利，減少則感到損失，因此薪水只增不減的薪資制度，比薪水可能下降的制度，更能提高從業人員的滿意度。

有研究以問卷調查說明這個現象。研究人員針對芝加哥科學與工業博物館中的八十位成年員工，詢問他們如果六年間的薪津總額相等，而給薪方式有每年相同、每年逐漸減少、每年逐漸增加等七種，請他們排列出喜好的順位。傳統經濟學大多預測，相同的一筆錢，人們會偏好現在得到勝過未來

才得到。把未來得到的錢換算成現在得到的價值，稱為現值。

將這七種給薪制度，把未來的薪資用折現率換算成現值的合計來評價，發現現值最高的，是現在薪資高，之後逐漸減少的給薪制度。但是，僅 7.3％的人選擇現值最大的薪資制度，大部分的人儘管現值低，也會選擇每年逐漸增加的薪資制度。接著調查人們對於收取房租方式的喜好，結果發現選擇現值最大者較前面稍多，占 23.1％。在日本以同樣的問卷調查的研究，也得到同樣結果。

儘管現值較低，但大家會選擇薪水逐漸增加的給薪制，是因為把目前的薪水當作參考點，減少會有損失感，加上現在領較多薪水的話，會因為現在偏誤而亂花錢，因此年功薪津制可以視為一種承諾機制。

2. 觀察偏誤現象

縮短失業期間

　　現在偏誤可能使得失業者遲遲不去求職，而拉長失業期間。有研究利用美國年輕世代縱向調查（National Longitudinal Survey of Youth, NLSY）中，有關失業期間與找到工作時的薪資資料，來研究求職者現在偏誤的程度有多大。結果發現，薪資低與薪資中等的勞工，存在相當大的現在偏誤。因為重視未來的就業而擬定了求職計畫，到頭來卻不立刻認真求職，而是把時間花在其他休閒娛樂上，延後找工作。

　　於是，研究人員以行為經濟學為本進行模擬，以了解什麼樣的政策，能有效縮短失業期間。結果發現，對具有現在偏誤的人，提供再度就業支援或是檢查求職行動的進度，會是有效的做法。

　　有些人不在乎未來，在失業救濟金的給付期間不去找工作，等過了給付期，才隨便找個低薪的工作。另一種情形是，有強烈現在偏誤的人，也想認真找個高薪的好工作，但是到頭來卻把求職的事一拖再拖，拉長了失業期間，最後只好去擔任低薪工作。兩者的結果相同，但是如果長期失業是現在偏誤所造成，營造一個難以拖延的環境，可能會有幫助。

　　時間折現率高、重視現在的人，或是拖延求職行動的人，由於很少認真求職，最後很可能選了一個薪水不怎麼高，但很容易就找到的工作。使用日本資料所做的研究結果發現，有現在偏誤，或者對現在的重視度高於未來的勞工，經常會選擇當派遣勞工。與正職員工比起來，派遣工作就算不積極求職也很容易找到，但未來加薪的可能性很小，且雇用期間多半比較短。由此可知，為了減少人們動輒從事不穩定工作，必須從行為經濟學的角度，考慮勞動者的特質，從而制定政策。

防止長期失業的推力

　　根據傳統經濟學的觀點，優渥的失業保險給付，會使失業者不熱中求職而長期失業。但是，如果失業者長期失業，並非因為失業給付使他們不積極找工作，而是因為行為經濟學的偏誤的話，那就有必要思考政策上的因應之道。

　　第一，如果失業者有現在偏誤，就可能會延後求職行動，而拉長失業期間。第二，參考點不是以下一份工作的薪資行情，而可能是過去工作時的薪資。根據傳統經濟學，勞動者不斷找工作，是否繼續處在失業狀態，關鍵在於當下所能找到的工作之薪水與繼續找工作可能更有利之間的抉擇。但是

根據行為經濟學，當參考點為失業前的薪資時，只要還沒有找到更高薪的工作，失業的狀態就會持續。高齡者再怎麼努力也無法二度就業，或許就是這個原因。第三，繼續找工作，或許是因為對以後可以獲得的薪資抱持樂觀偏誤。

如果失業期間拉長是因為行為經濟學的偏誤，可以採取以下幾種方法，防止人們長期失業。第一，若是遲遲不去求職，把求職行動與獎金、罰款直接連結，或是頻繁寄送提醒信件，會是有效的方法。為了使失業者積極求職，與其把早期就業的失業給付獎金給失業者本人，不如給 hello work 或就業支援公司還比較有效。規定社會保險的給付期限，也可望改善遲遲不去求職的行為。第二，政府單位主動介入，縮小失業者的期望薪資與薪資行情之間的差距，也是有效的做法。

申請社會保障給付的現在偏誤

想領取失業保險、年金、生活保護等社會保障給付的人，就算符合領取資格，不親自辦理申請手續就領不到錢，稱為「申請主義」。如果真的是經濟困頓的人，即使申請給付手續很繁瑣也會不厭其煩；若符合受領資格，但生活並沒有那麼困頓，可能會懶得辦理繁瑣的申請手續。傳統經濟學認為，把申請手續弄得繁複，就可以避免浪費社會保險費或稅金。

　　但是從行為經濟學的角度思考，這樣的架構是有問題的。不去辦理社會保險給付手續的人當中，並不全都是一些生活沒那麼困頓的人，可能多半是生活很困頓但不了解社會保障制度，或總是拖著不去辦手續的人。

　　這些人應該本來就是社會保障的目標對象，愈貧困的人壓力也愈大，決策能力已經乾涸，就往往會有拖延的行為。用行為經濟學的思考方式，可能會大幅改變一直以來社會保障給付申請很繁複的想法。其實許多人雖具備領取生活保護或失業給付的資格卻不去領取，從傳統經濟學看來一直是個難解之謎。

　　由於貧困家庭每天總是為生活錙銖必較，不但很難訂定長達幾個月的消費計畫，眼光也比較短淺。根據最近的研究，窮人並不是比富裕的人不懂得對金錢做合理的計算，而是因為貧窮，導致認知能力集中在短期而非長期的決策。

長時間勞動與拖延的行為

　　2019 年的日本勞動方式改革，使減少長時間勞動的想法愈來愈普遍。勞動方式改革為什麼重要？照理說，不反對長時間工作的勞動者熱中於工作，會是企業偏好的人才，但是長時間工作的勞動者，不一定會被企業喜歡，一來長時間工

作可能是因為生產力低下，再者就算勞動者自願長時間工作但卻危害了健康，長此以往會降低生產力。

　　傳統經濟學認為，在競爭性的勞動市場，不會發生違背勞動者意願的長時間勞動，因為勞動者是根據自己的薪資決定勞動時間，使自身的滿意度（效用）極大化。在傳統經濟學中，長時間勞動會成為問題，是當勞動市場的企業端發生所謂買方獨占的情形時。

　　所謂買方獨占，是指雇用勞動者的企業沒有競爭對手。在買方獨占的狀態下，由於勞動者沒有機會在其他地方就業，企業將薪資和勞動時間以包套的條件提供給勞動者，因而用低於勞動者生產力的薪資，使其在一定的時間之內工作。對勞動者來說，儘管薪資低於自己的生產力，但由於別無選擇，只好在這家企業工作。這時候，就如同透過最低薪資制度介入薪資問題具有正當性，對勞動時間加以規範，應有助於提高勞工福祉。現實生活中，在一個地區僅有一家企業的情況或許很少，但是對於很看重通勤便利的勞動者來說，可以工作的職場就有限了。

　　在都市地區企業林立的情況下，儘管勞動市場存在競爭，若還是有長時間工作導致危害健康的情況，或許是因為行為經濟學的偏誤所致。此外，儘管企業重視勞工的健康，而採

取限制長時間工作的政策，卻還是有勞工因為持續的長時間工作而使得健康惡化，這也可以用行為經濟學的偏誤來說明。舉例來說，現在偏誤強烈的失業者，會延遲求職活動，同樣的也可能在上班時間將重要的工作延後處理，實際上也有研究發現，小時候把暑假作業留到暑假後半才做的勞動者，有長時間工作或加班到深夜的強烈傾向。

此外，社會偏好也會影響長時間勞動。具有不平等趨避傾向的人，不喜歡正當同事們長時間工作時，只有自己早早回家，因此加班時間也比較長。如果勞動時間會受到同儕效應影響，當有長時間勞動的員工進入某個工作場域，其他員工的工作時間也會變長，而形成長時間勞動的風氣。

抑制長時間勞動的有效做法，像是把加班手續弄得很繁複、讓員工很難在辦公室關燈後加班，或是真的必須長時間勞動時，允許員工大清早加班而非半夜加班，在確保選擇自由的同時，這樣的讓加班變得很麻煩的做法，就是一種推力。

另一種有效的推力，是利用基本設定來鼓勵大家休假。從 2017 年 5 月起，警察廳中部管區警察局的岐阜縣情報通信部，宿直（譯注：是指在前一天下班後到次日上班前，在工作場所過夜，以防緊急情況發生。）的次日原則上休假，若要繼續上班，必須在宿直報告書的不休假格子上打勾，向上司申請。相較

於之前宿直後休假必須提出申請，如今宿直結束後的休假人數增加了近三倍。此外，以往千葉市規定請育兒假時要提出申請，後來將育兒假當作基本設定值，不申請育兒休假時，才需要提出申請，從此請育兒假的比率大幅提高。

第 5 章

利用社會偏好

1. 禮尚往來

禮尚往來能提高生產力？

　　社會偏好中，有恩報恩這種基於互惠的禮尚往來，經常發生在我們的工作場所中。大部分的人有正向的互惠觀念，當自己的薪水高於參考點時，會把參考點與薪水之間的差額，視為雇主的贈與，而往往會更努力工作，來回報這份贈與。經濟學者將之稱為「禮尚往來」。從企業的角度，支付較高薪資能提升勞動者的生產力，因而帶來利益。

　　照道理或許確實是如此。但是，我們的生產力真的會因為禮尚往來的觀念而提高嗎？有研究試圖分析在真實的雇傭關係中，假設支付的薪資高於參考點，效果會持續多久。該研究的實驗，是請人來做圖書館的資料輸入，及收集捐贈物資的工作。圖書館的資料輸入工作，以工作六小時、時薪 12 美元的條件來徵人。其中一組（贈與的小組）到了當天，將時薪提高為 20 美元，其他小組則是照當初承諾的給薪。同樣地，收集捐贈物資的工作是提供時薪 10 美元，約一半的人當天時薪提高到 20 美元，另外一半則按照當時承諾的給薪。

　　值得注意的是，無論是哪一種給薪方式，薪水都與工作狀況無關。如果照傳統經濟學的想法，工作六小時的薪資是

固定的金額，就算固定的薪資上升了，應該完全沒有努力工作的理由，但是如果抱著禮尚往來的想法，當固定薪資高於原先預定，勞動者感受到雇主的善意，會更努力工作來回報雇主的贈與。

結果發現，兩種實驗都是在最初三小時，受雇主贈與那一組顯示了高生產力，後三小時效果逐漸消失。換言之，勞動者雖然想報答雇主的善意，卻無法持久。

負面贈與的影響

如果加薪是贈與，那麼減薪對勞動者會有什麼影響呢？德國的研究人員以工作六小時、時薪 15 歐元徵求圖書館的資料輸入員，之後將募來的學生分成三組，研究薪資上升和下降的影響。三組分別是按照原先提供的 15 歐元、時薪提高到 20 歐元、時薪下降至 10 歐元來給薪。時薪提高的那一組，和依照原來給薪的那一組，生產力沒有不同，而時薪降至 10 歐元的那一組，生產力下降超過 20％。

也就是說，在徵人時提供的預期薪資成了參考點，勞動者對於薪資低於參考點，會有負面贈與的感覺，於是產生負的互惠性，用低生產力來回應雇主，這與企業經營者擔心減薪會導致勞動者士氣低落一致。雖說只要勞動者能理解減薪

的理由，應該就沒有這樣的問題，但如果他們無法理解，就
會士氣低落。以上實驗結果所得到的教訓是，加薪時勞動者
願意繼續工作，而減薪時雇主只有一次機會，提出具說服力
的理由，使勞動者繼續工作。

讓人意識到這是贈與

　　行為經濟學有關禮尚往來的教訓，就是即使付同樣金額
的薪資，只要花點心思，讓對方意識到這是一種贈與，就能
有好的效果。

　　研究者經由實驗，想知道在發給高於預定的時薪時，多
出來的部分以現金支付或是現金以外的禮物來支付，會使勞
動者的生產力產生什麼變化。他們以工作三小時、時薪 12 歐
元的條件，徵求學生到圖書館擔任資料輸入的工作，然後將
學生分成六組。

　　第一組按照當初徵人的條件，給予時薪 12 歐元，其他各
組則是在時薪 12 歐元以外，再用以下方式多發給薪資。第二
組給予現金 7 歐元的紅利獎金。第三組除了時薪 12 歐元以外，
再加上價值 7 歐元的水壺。第四組給的水壺上掛了 7 歐元的
標籤。第五組可以選擇拿現金 7 歐元或者水壺。第六組把 7
歐元的鈔票折成人形給學生。如果你是這些學生，哪種形式

的薪資最會使你努力工作呢？傳統經濟學認為，由於給薪的金額是相同的，用什麼形式給予，勞動者的生產力應該都一樣。

實驗結果如下。獲得現金 7 歐元的第二組，生產力和第一組並無不同，與傳統經濟學預測的一致。但是，收到禮物（即水壺）的第三組至第五組，生產力高於第一組。

更耐人尋味的是，收到把 7 歐元現金折成紙人形的第六組，生產力增加得最多。收到現金鈔票的第二組，和把現金折成紙人的第六組，儘管獲得的獎金金額完全相同，但生產力差很多，意味著人可能會因為強烈意識到贈與，而使行為有所不同。

純粹發給現金時，我們的行為是根據純粹以金錢為判斷依據的市場規範。但是換成水壺，或者把現金折成紙人，讓這筆錢有了禮物的涵義，這時我們就有了遵從社會規範的動機，為了報答這份贈與，於是努力工作提高生產力。日本人在餽贈禮金時，會把新鈔裝進禮金袋內交給對方，這麼做不光是遵照市場規範支付現金，或許也賦予禮金一種社會規範的意義。

2. 男女為何會有升遷差異？

競爭偏好是否存在男女差異

　　由於人口減少，人們也更加期待女性在社會上有活躍的表現，然而勞動市場卻依然存在性別差異，尤其日本的傳統價值觀，認為女性要負責家務，無法在重視長時間工作的日本企業大展長才，使得很少女性擔任管理職。此外，日本企業多半會負擔員工的在職訓練費用，為了回收訓練成本，因此會考慮以能夠長期服務的男性員工，做為重點的訓練對象。

　　另一方面，男女升遷差異的原因在於，男女在危險趨避和競爭偏好上存在著差異。這個行為經濟學的假說，近年來受到矚目，也就是男女對參與升遷競爭的厭惡程度不同，因而有升遷差異的假說。男女對競爭的喜好不同，是從事高薪工作的男女比率出現差異的原因。

　　根據以上假說，男性比女性喜歡參與競爭，且較能透過競爭來發揮實力，因此升遷競爭的勝出者人數，出現男女差異。男女從一開始對競爭的喜好就不同嗎？若是如此，這是天生的差異，還是教育文化所造成？

　　有多項實驗請學生用電腦解答迷宮或加法等問題，答對給予報酬，來研究有關競爭性的報酬對提高生產力的效果，

或者對競爭性環境的喜好。有一群研究者，將報酬的支付方式分為兩種，一種是生產量制，另一種是優勝者制，比較不同的報酬給付方式下男女成績的差異。生產量制是根據本人答對的題數給予報酬，優勝者制則是只有一組當中成績最高者獲得高額報酬，結果女性在兩組的成績都一樣，男性則是在優勝者制的成績比較好。

也有研究讓九歲至十歲的孩童進行賽跑的實驗，以了解在孩童階段競爭環境下的男女成績差異。孩童們一開始是一個人跑，接著兩人一組跑，研究人員分別測量時間，發現女孩們無論是一個人跑或兩人一起跑，花費的時間並無不同，男生則是兩人一起跑時的速度，比一個人跑時快。

男女對競爭性報酬制度的喜好也不同。一項針對這方面的知名研究，請參與者在五分鐘內，盡可能完成五題兩位數的乘法題。一開始，請參加者在答對題數制和優勝者制兩種報酬系統下進行解題，接著再次選擇兩種報酬制中的一種，請參與者進行解題。

研究者透過以上方法，分析男女對競爭的偏好。實驗結果發現，男性比女性更喜歡競爭（偏好優勝者制勝過答對題數制），且男性比女性顯得過度自信。日本的實驗，也和美國等先進國家的實驗，得到大致相同的結果。

馬賽族與卡西族（Khasi）的實驗

　　男女對競爭的態度，是先天遺傳，還是受到文化的影響？為了了解男女在競爭偏好上的差異，有研究者針對父系社會的馬賽族和母系社會的卡西族進行經濟實驗。結果發現，母系社會的卡西族，與馬賽族或美國的實驗相反，女性比男性更喜歡競爭。研究人員從結果推論，男女在競爭偏好上的差異，與其說是先天遺傳，或許是因為文化或教育所造成。

　　對女校和男女合校的學生進行實驗，得到與文化假說一致的結果。以英國中學生為實驗對象，來衡量對競爭的偏好，結果發現女校的學生比男女合校的女學生，更傾向選擇競爭性的獎賞制度。男女合校的女學生，有根據性別分擔責任的觀念，因此不去選擇競爭性的獎賞制；而女校的女學生由於較不具備性別責任分擔的觀念，因此在選擇競爭性的獎賞制時，或許比較沒有顧忌。此外，土耳其針對小學生進行實驗，也發現當孩子們被灌輸要努力才會成功的價值觀，並鼓勵堅忍不拔的毅力時，這群孩子對競爭偏好的男女差異就會消失。

　　日本的實驗，也顯示純女校的女生，選擇競爭性獎賞制的比率較高，過度自信的程度也較高。或許女性天生就不像男性那麼喜歡競爭，但是性別的責任分擔觀念，也有很大的影響力。

　　人是否會因為對競爭的態度或競爭而發揮實力，也和經濟狀況的差距有關聯。換言之不單純是男女間的差距，文化差異也可能和經濟狀況的差異結合在一起，而產生影響。

3. 強調多數人的行為

增加女性董事人數的推力

有在推動勞動方式改革的企業，多半希望員工減少加班。例如統計各工作場所的加班時數發現，公司內有幾處地方的加班時數超過了上限。通常的做法，是列出未能遵守加班時數而超標的單位，在管理階層的會議上，通令不遵守加班時數限制的單位要確實改善，多半以「沒有遵守該項規定的人有百分之多少」而提出糾正或警告。

但是，從行為經濟學的角度來看，這種做法會收到反效果。因為所傳達的訊息，到頭來只會讓大家認為，大部分的人不遵守規定是一種社會規範。行為經濟學上正確的推力，是公布「大多數的單位，都遵守加班時數的限制」。

以下介紹提高企業中女性董事比率的推力。英國政府想提高英國企業中女性董事的比率，相關部會的首長說：「金融時報百種股價指數的成分企業中，女性董事的占比還不到12.5％」，要求企業達到一定的目標。這種說法就如前面說的，從行為經濟學的角度，不是好的發言方式。研究人員指出：「如果強調女性董事的人數少得可憐，會給人一種女性董事少是理所當然的印象，每個人把這種情況視為規範來遵

守，到頭來資料所顯現的真實狀況恐將持續不變。」

於是，研究人員從行為經濟學的角度，對英國政府提出建議。2013 年時，政府官員的說法改成：「金融時報百種股價指數的成分企業中，94％有女性董事；金融時報三百五十種股價指數的成分企業，有三分之二有女性董事。」雖說並不一定有因果關係，但到 2015 年英國就達成了目標。

減少任意取消約診的推力

針對強調多數人行為的推力所做的類似研究也不少。英國的醫院為了減少預約看診卻不來就診的病患，進行了以下實驗。

首先，患者來電預約時，負責處理的職員要患者自己寫下預約日期和預約號碼，讓患者做出積極承諾且不忘記預約時間。例如接受預約的職員會對患者說：「您預約史密斯醫師看診，為星期二早上十點三十五分，預約看診編號是 1234，請把它寫下來。」

從行為經濟學的角度，這麼做應該可以看得到效果。但是這項實驗的結果卻出乎意料，預約了但沒有依約來看診的病人，增加了 1.1％。調查之後才知道，負責預約事務的職員，並沒有遵守研究者的指示。於是研究者送給這些職員卡士達

醫，再次請他們要求患者親自寫下預約看診的日期和預約編號。換言之，研究人員使用禮尚往來這一招。結果，不來赴約看診的病患減少了 18％。

接著還做了一項改變。這家醫院為了減少預約但不來就診的病患人數，會公布「上個月預約但不來就診的病患人數有 ×× 人」。但這麼一來會讓人覺得不來就診也沒有違反社會規範，甚至讓人覺得很多人都這麼做。

於是公布的內容，改成「上個月依約赴診的人數有 ×× 人」，當然依約赴診的患者人數，遠高於不前來就診的患者人數。患者來電預約時，親自寫下預約日期和預約編號的積極承諾，加上公布確實就診人數的社會規範效果，使得預約但不來就診的患者人數，比過去減少達 31.7％。這兩件事暫停實施之後，擅自取消約診的人數比之前增加了 10.1％，但再次採取讓病患積極承諾，並透過公布就診患者人數使社會規範發生作用後，擅自取消約診的人數，又比之前減少了 29.6％。

第 6 章

徹底改變勞動方式的推力

1. 提升工作意願

無止境的工作

　　勞動改革持續進展之際，很多人的工作量卻還是跟以前一樣多，如果不提高生產力，工作只會不斷堆積。縮短勞動時間固然是好事，但若完成了一份工作，新的工作又來，結果留下來加班的職員別說減少，反而有增無減。人一旦陷入這種情況，很可能會喪失工作意願，根本就是苦刑。

　　很多人應該都聽說過希臘神話中「薛西佛斯的巨石」，薛西佛斯因為欺騙眾神，被罰將巨石推上山頂，他用盡全身力量把巨石推上山，但就在快要接近山頂時，巨石又滾回山下，於是薛西佛斯只好無止境地繼續做這個苦差事。日本也有「賽之河原的石頭堆」的類似故事，先於父母而死去的孩子，必須在賽之河原堆積石塔，當石頭堆的佛塔完成，到了晚上鬼就會把石塔弄倒，於是又得重來。日復一日工作永遠做不完，實在令人痛苦。

　　話說，無止境工作的痛苦，究竟是從何而來？工作做不完是件痛苦的事，還是不管多努力工作，不久又回到原點，讓人覺得就算完成工作也沒有意義，因而感到痛苦？薛西佛斯一次都沒有完成過工作，巨石只是一再落下山去，至於賽

之河原的石塔，則是每天晚上堆完的佛塔又被鬼弄倒。後者是完成了工作又遭到破壞，於是不斷做著沒有意義的事，明知會被破壞卻還繼續工作，應該會感到痛苦。

「薛西佛斯的巨石」實驗

薛西佛斯的巨石或賽之河原的石塔，會讓人喪失多少工作意願？為了了解這點，美國的研究人員進行了一項有意思的實驗，他們請哈佛大學的學生，用樂高積木組裝生化戰士。

一個生化戰士要用四十片積木，大約花十分鐘組裝完成。他們會依組裝完成的個數獲得酬勞，完成第一個生化戰士可獲得 200 圓，第二個 189 圓，酬勞會隨著完成的個數遞減 11 圓，從第十九個開始，每完成一個則固定獲得 2 圓。如果你是實驗參與者，會組裝幾個生化戰士？十分鐘得到 200 圓還挺不賴的，但是花十分鐘獲得 2 圓就不會想做，一定會在某個時間點停下來。

參與實驗的學生分為兩組，第一組，研究人員把組裝完成的生化戰士排在學生面前，第二組的學生在組裝下一個生化戰士時，坐在隔壁的研究人員立刻把剛才完成的生化戰士拆散。研究人員把第一組稱為「有意義的條件」，第二組則是「薛西佛斯條件」。

　　若兩組完成同樣多的生化戰士，獲得的獎金也會相同。也就是，兩組的工作酬勞完全相同。套用賽之河原的石塔為例，第一組雖然是無止境地製作新的佛塔，但製作完成的佛塔並沒有被毀壞。第二組則是如故事般，一做完就立即被鬼推倒的薛西佛斯條件。這項實驗不同於薛西佛斯的巨石或賽之河原的石塔，在於完成工作就會有報酬，而兩組的差異是，工作成果立刻被毀壞，或是能夠保留。

　　實驗結果發現，有意義的條件那一組，學生平均組裝10.6 個生化戰士，獲得 1,440 圓。薛西佛斯條件那一組的學生平均只組裝 7.2 個，獲得 1,152 圓。也就是說，真正感受自己組裝完成生化戰士的那一組會努力工作，而完成的工作立刻被毀壞，沒有工作實感的人，則提不起勁來。

　　無論哪一組，如果單純是為錢工作，組裝的生化戰士個數應該會相同。但是有意義的條件那一組的實驗參與者，比薛西佛斯條件那一組平均多組裝 3.4 個生化戰士，多賺了 288圓。也就是說，人在有意義的工作上，看到了超越金錢的價值，因此而努力。

有意義的工作

　　儘管報酬相同，但光是把組裝好的生化戰士排在眼前，

就能提高工作意願。這項研究的結果是，體認到自己完成了有意義的工作，就能提高工作意願，也對於提高工作意願的方法提供了啟示。

首先，人能從工作本身，真實感受其意義。換言之，只要能從工作中感受到非金錢的喜悅，工作也會變得比較不辛苦。如果能認識到這是一份造福他人、對社會有意義的工作，面對同樣的工作會更有幹勁。如果是對社會有益的工作，即使薪水較低也願意去做。

極端情況下，有時即使沒有報酬也願意去做，例如擔任志工援救災民就是。即使不是志工，即使工作類似，公部門的薪水大多低於民營單位，原因在於人會因為意識到自己從事對社會大眾有用的工作而感到喜悅，就算酬勞低也願意去做。

第二，能真實感受到完成一份工作。組裝好的生化戰士排在眼前，使得實驗參與者充滿幹勁，原因除了組裝完成的生化戰士沒有被破壞，感覺做了有意義的工作，更重要的是看到自己組裝了那麼多生化戰士的成就感，或許正因如此，才覺得自己做了有意義的工作。如果一眼就能看到自己完成的工作，比較會體認到做了有意義的事。

假設完成一項工作後新的工作又來，未完成的工作量完

全不變，而且如果還沒做完的工作擺在眼前，會讓人覺得不管做完多少，還是沒有做了事的感覺，與薛西佛斯條件的情況相同，而提不起勁來。

如果把新進來的工作先擺一邊，弄清楚到底完成了多少工作，應該就能真實感受到完成的工作之價值。可以列出每天必須完成的工作，做完了親自把它劃掉，或者把今天完成的工作列成清單也行，每天記錄完成了多少工作，每天的工作一點也沒有白做，確實都交出成果，就可真實感受到自己在做有意義的工作。

我們往往只注意還剩下多少工作，其實把眼光放在已經完成的工作上，工作意願也會提高。只要花一點心思，就能安然度過忙碌的每一天。

2. 消除目標與行為之間的差距

達不到的目標

　　日本以四月為新年度的開始，新進員工、新生，會在此時進入公司或大學校園。有些新進員工或大學生，在短短一年當中就有長進，也有些人沒能好好把握機會，而停滯不前。大部分的人都抱持某個目標迎接新年度的到來，但有人達到目標，有人卻達不到。是什麼原因，導致不同的結果呢？

　　為何訂了目標，卻無法達成？有時雖然努力但運氣不好，但最大原因應該是訂了目標卻沒有伴隨行動。訂了減重目標，卻不運動或注意飲食，目標就無法達成。為什麼訂了目標，卻不採取實際行動？怎麼做才能消除目標和行動之間的差距？

　　行為經濟學大多用現在偏誤來說明無法達成目標的原因。如本書之前所述，現在偏誤是指對未來的事遲遲不做決定，現在的事卻倉促行事。如果因為現在偏誤而無法達成目標，解決之道就是逼自己處在一個無法拖延的狀態。另一個好方法是，為了達到一開始的計畫，對改變計畫施以嚴懲。

　　計畫的目標無法達成的原因之一是，有時把目標忘得一乾二淨。趕不上工作截止日期，是因為要完成的工作太多，

而忘了每個工作的期限，或者有時根本就把交付的任務忘得一乾二淨。在這種情形下，有些人要等到被催繳才開始動手。

　　像這種沒辦法牢記目標或被交付的任務，或是逐漸淡忘而無法完成任務，只要備妥一套防止忘記的周全計畫，就可能達成目標，例如預先寫在日曆上，或設定某個時點發送提醒信。

　　無法達成目標的另一個原因是，儘管訂了目標，卻沒有清楚計畫每天該做什麼來達成目標。雖然抱著某個目標，若是沒有每天為了達成目標應採取的具體行動，目標就無法實現。

寫下行動計畫

　　美國的研究人員從失業者的求職行動中，清楚看到具體的實行計畫的重要性。求職的人不光是訂定計畫，還需要訂定行動計畫。研究人員對南非一千一百位青壯年失業者的求職行動進行實驗，來驗證具體行動計畫的效用。

　　為了求職，有幾件事不得不做。首先是看徵人廣告，或請親朋好友介紹工作。接著，寫好應徵的履歷文件，寄給徵人的企業，然後去應徵面試。以上行動多重複幾次，找到工作的機率自然會提高。

　　研究人員請一部分的失業者，填寫一週的求職行動計畫書。計畫書的格式是從星期一到星期日，請他們填寫每一天的幾點做什麼事。舉例來說，如果星期一上午十點看到報紙的徵人欄，就連看了什麼報紙的徵人欄都要記下。如果星期二下午投遞履歷表，要記錄是寄給哪一家公司。之後把每天欄位的數字彙總，看看每個禮拜有幾間公司徵人、遞送履歷表給哪幾家公司，並寫下目標要實際進行求職活動多少個小時。橫向也有一個欄位，來檢查目標是否達成。

　　光是這麼做，相較於沒有這麼做的失業者，應徵資料的遞送數就多了 15%，有興趣進一步了解應徵者的企業多了 30%，獲得雇用增加 26%，效果相當顯著。而且，應徵資料的遞送數增加，但求職活動的時間卻沒有變。此外，不僅是找親朋好友商量等非正式的做法，也會利用報紙、網路等徵人廣告，求職的方法多元。也就是說，訂定具體計畫的那一組，求職比較有效率。

　　懶得求職的原因，也可能是記憶問題或現在偏誤。於是，研究人員也分析結合提醒信或組成求職團體等方式的牽制效果。但是讓失業者訂定具體的行動計畫，對提高就業機率最有效。

　　為何訂定計畫有這麼大的效果？原因是，行動計畫把複

雜的任務分解成特定行動，使我們理解現實情況下應該聚焦
的目標，以及達成目標所需採取的步驟。無法達成目標的瓶
頸，在於不清楚應該採取什麼具體行動。

　　如果釐清每天該做什麼來達成目標，只要把每天的功課
做好，目標自然達成。也就是說，為了達成目標，只要把達
成目標所需的具體行動，甚至是何時行動寫進計畫即可。把
預定採取的具體行動都寫進時程表，是達成目標的第一步。

重時不重量

　　2019 年 5 月起，日本的年號從平成改為令和。但年號改
了，時間依舊是分秒不斷地流逝。儘管如此，我們從年號的
改變看到更深的涵義。一天、一個禮拜、一個月、一年，在
日曆上可以切割，但時間原本是連續不斷的，每一秒鐘都是
如此。我們每天把連續的時間切割開來生活。

　　當然，今天是世界末日，或者今天以後世界繼續存在，
我們的決策也會大不相同。就算不是世界末日這種極端狀況，
用一天和一個月為單位來評定成果，行動也會不一樣。例如
大相撲是根據十五天在同一個地點的勝負結果，決定下一個
地點的晉級或降級，如果大相撲是以一年的成績，來決定
下個年度的晉級或降級，力士應該會完全改變策略。由於在

十五天當中取得勝越（譯注：是指相撲力士在十五天同一個地點取得八勝以上的戰績）是件重要的事，也因此在那些七勝七敗，千秋樂（譯注：相撲比賽最後一天）即將到來的力士當中，會有人想借貸星星（譯注：相撲比賽中，獲勝以白色圓圈表示稱為白星，戰敗為黑色圓圈，稱為黑星。借貸星星即是比賽前和對手達成誰勝誰負的協議）。

　　績效表現不是單憑一天的工作下定論的，若是以一天為基準來做決策，會導致無效率。身體不適還勉強工作就是典型的例子，身體不適時就休息一天，在狀況較佳的日子全力以赴，如此長期才能獲致較好的成果。

　　決定每天的目標工作量後，努力工作直到達成目標，同樣是沒有效率的做法，如此一來工作順利的日子提早結束，不順的日子要做到七晚八晚。如果順利的日子做久一點，不順的日子早點回家，總工作時數相同，反而能做更多事。以漁夫為例，捕不到魚的時候長時間捕魚，大豐收的時候早早回家，相較於捕不到魚的時候早點回家，大豐收的時候工作到晚一點，後者更能以短時間的勞動，換取更多漁獲量。

　　勝負並非單靠今天一天來決定，光是用一天的成果做為努力的指標，不是明智的做法，工作應該把眼光放遠一點。照這道理看來，當紅藝人或者正在進步中的運動選手，因為

現在是最好的時期，儘管有點辛苦，但還是選擇多拼命努力，才是比較合理的做法。

合理行動的陷阱

由於很多事的成效不是立竿見影，從長期的觀點來評斷成果會比較好。例如，教育的成果很多並不是立即顯現的，如果只憑著短期指標來衡量教育成果，到頭來會忽略了教導真正重要的事，而一味專注在容易看出成果的事情上。

那麼，光是以長期成果為目標，又有哪些問題？大學課業不限制讀書方式，學生用對自己最有效率的方法用功即可，因此有教師提議只根據期末考的結果來評量即可。

這種做法，對能夠採取合理行動的學生來說簡直正中下懷，學生不光是上課，還要預留時間給社團活動、打工、約會等，只要事先訂定計畫，在自己最適合的時間用功於課業就好。如果每一次小考的成績都要納入評量，即使忙著從事其他活動，也必須確保有時間讀書。因此就時間的利用來說，只根據期末考來評量成績的方式，應該會比較有效率。

但是，依自己最有效率的時間分配，而訂定的讀書計畫，能否實行又是一個問題。實際上大部分的人雖然訂得出未來計畫，到了付諸實行的時候，卻多半一拖再拖。請回想一下

　小時候的暑假作業，很多人在暑假開始前，就計畫要在暑假一開始就把作業寫完。實際上絕大多數的人，都是到了快要開學才寫作業。換言之即使訂了計畫，到頭來只要拖著不執行，再好的計畫也沒有用。

訂定可以成習慣的規則

　那麼，規定無論如何每天一定要完成一定的任務雖不合理，但總是好過訂了最完善的計畫卻不實行。每個禮拜測驗或許就學生的時間分配來說不是最適當的，但結果好過許多人都沒讀書。

　還有一點，規定每天該做的事有其好處，就以針對成果訂定長期目標為例，假設目標是三個月後減重三公斤，如果只是設定目標，應該很難達成。

　首先，目標訂在三個月以後，到時候達成目標肯定是件開心的事，但是當下卻不太能感受到這種喜悅之情。也就是說，三個月後達成目標，就現在的自己來說並不成為那麼強的誘因，此外，即使明天開始為減重努力，可能到了明天又往後延。不僅如此，光是訂了減重目標，但方法從運動到飲食各式各樣，光想著該做什麼，就覺得麻煩，而且努力的成果也不是每天都看得到。

　　決定了減重的長期目標後，最好的做法，是用心規劃在最適合自己的時間運動和飲食，然而基於前述理由，很可能無法達成，這時訂下每天有效且簡單的規則，對達成長期目標會很有幫助。例如果每天規定至少要走七千步，達到目標就會有成就感。每天的功課不是未來的事，要拖延也難。不用每天思考該做什麼，訂定可以養成習慣的規則，儘管乍看之下不合理，卻能使長期目標更容易達成。

次佳的策略是最佳策略

　　刻意把視野縮短還有其他好處。人由於害怕損失成為事實，因而冒太多風險，例如賽馬賭輸的時候，在最後一場比賽時會孤注一擲；從事業務工作的人，因為這個月的業績看來不妙，而想簽下大合約來個大逆轉，結果大敗而歸；玩股票的人，在持股下跌時不賣股停損，而是賭股價可能回升。諸如此類的特質，當可能發生損失的期間愈長，就愈容易發生。

　　證券公司用半天或一天為單位來評定成績，也會影響交易員的行為。用一天為單位評定業績的證券公司，在上午發生損失的交易員，下午傾向於從事較高風險的投資。根據實驗顯示，當損失尚未成真時，人們往往會因為損失趨避而採

取較高風險的行動。

　　達成長期目標的最好做法，是根據每個時間點採取最適合的行動。但是即使知道這是最好的，如果無法實行最佳計畫，就有必要訂定次佳計畫。

　　規定每天的簡單行動以達成長期目標，花點心思讓達成每天的行動成為快樂的事，表面上看來雖不是最合理的做法，但至少是次佳的策略。

第 7 章

在醫療、健康活動上
的應用

1. 運用基本設定值

用推力來改善健康活動

在行為經濟學上，健康活動是很容易發生偏誤的領域。首先，現在的行為從產生結果到回饋到自己身上，要花費一段時間，這種伴隨著時間延遲的現象，很容易受到現在偏誤影響，原因是做有益健康的事，要經過一陣子之後才會變健康，即使今天多吃了點也不會立刻發胖。此外，健康活動不見得會有成果，就算一直過著健康的生活還是可能生病，就算去健檢，也可能有病卻沒被發現，況且健康、醫療的資訊通常都太專業，晦澀難懂。

具備以上特質的健康、醫療領域，還有很大的空間可以透過推力來改善人的行為，也因此相關的研究很多。

提高大腸癌篩檢率的推力

雖然有人質疑癌症篩檢的有效性，但是許多研究指出，大腸癌篩檢是有效的。儘管如此，大腸癌的篩檢率卻不高。八王子市進行了一項實驗，想利用損失趨避的推力，來提高大腸癌的篩檢率，該市從 2016 年起，自動寄送糞便檢查的工具，給前一年度有接受大腸癌篩檢的人。

　　不過，用心良苦地寄送了篩檢工具，真正來篩檢的人大約七成。於是，這個實驗寄送鼓勵篩檢的信件給那些五月收到篩檢工具，到十月還沒有寄回檢體的人，研究人員將四千名未篩檢者隨機分成兩組，寄發內容相同、表達方式不同的信件。

　　其中一組的信強調好處：「本年度接受大腸癌篩檢者，次年度『將自動收到大腸癌篩檢工具盒』。」另一組則是強調損失：「本年度不接受大腸癌篩檢者，次年度『將不會自動收到大腸癌的篩檢工具盒』。」

　　邏輯上，兩種說法的內容一樣，因此兩組收到信件的人，真正接受大腸癌篩檢的比率應該會相同。但是，強調好處的那一組，實際接受篩檢率為 22.7％，而強調損失的組，篩檢率為 29.9％。換言之，訊息為強調損失的那一組，篩檢率較高。

　　為何會產生這種差異呢？原因是，強調好處的訊息，把「不會收到檢查工具盒」當成隱含的參考點，而強調損失的訊息，則是把「會收到檢查工具盒」當作參考點，於是「想維持與上個年度相同」的心態，發揮了強大的作用。

提高疫苗施打率的推力

有些企業為員工提供免費的接種流感疫苗，假設你負責這項工作，要向公司同仁發送說明信函，以鼓勵員工施打疫苗，什麼樣的內容，能提高疫苗的接種率呢？

美國的研究人員對此進行實驗。他們將某公司的 3,272 名員工隨機分成三組，每一組收到的通知疫苗接種日期的說明信，內容都不同。第一組的說明信，公布疫苗接種的地點和日期時間。第二組除了有日期時間的資訊，還設置一個明顯的空白處，讓收到信的人可填寫接種疫苗的日期。第三組除了接種日期之外，還加上幾點幾分的填寫處。光是在信函中設有填寫欄位，未必就能收到回函，但是透過這種說明信函的小小設計，第三組的流感疫苗接種率，比第一組高出 4％。可見自己填寫預定接種的資訊，似乎是一種有效的承諾機制。

選擇加入

利用基本設定值，或許也有助於提高疫苗接種率。勸導接種流感疫苗，通常是通知可以接種的日期，有意接種疫苗的人可以事先預約，或在想接種的時候前往接種，換言之是一種「選擇加入」，也就是基本設定值是不接種疫苗，接種疫苗成為一種選擇權。

　　另一方面，有研究以隨機的方式進行實驗，以事先假定的接種日期時間，通知疫苗施打對象，若不方便就再聯絡更改日期，來檢驗其效果。也就是說，以接種疫苗為基本設定值，不接種疫苗為「選擇退出」，基本設定值是在假定的接種日期施打疫苗，也保留在其他日期接種或不接種的選擇自由。

　　結果，以接種日期為基本設定值，相較於以往的通知方式，接種率上升約 10％，但是也有 71％的人未告知要更改時間，而沒有在原訂的日期前來接種。這種情況不會發生在「選擇加入」，由於選擇加入時，是由想接種疫苗的人主動預約而後前往接種，都是對接種有強烈意願才預約，因此會更嚴守承諾。

終末期醫療的選擇

　　基本設定值的推力，能有效使人做出更好的選擇。但是人們原本就認真決定的事，也可能不受基本設定值的影響。有研究透過隨機實驗，分析基本設定值對於終末期醫療選擇的影響。

　　研究人員準備了三種格式的事前指示書，給必須選擇接受延命治療或安寧照顧的終末期患者。患者以隨機方式分組，

研究人員想知道事前指示書的格式，是否會影響患者對終末期醫療的選擇。

第一組的指示書，有「延命治療」和「安寧照顧」選項的欄位可供勾選，請患者就兩者擇一。第二組的指示書上也是相同的選項，但在「延命治療」的勾選欄位上事先打了勾，如果患者想選擇「安寧照顧」，就要在「延命治療」的勾勾上畫線（表示刪除），在「安寧照顧」的勾選欄位上打勾，這是將「延命治療」做為基本設定值。第三組的指示書，事先在「安寧照顧」的欄位上打了勾，選擇「安寧照顧」的患者無須更改，但想選擇「延命治療」的患者需要畫線、另外打勾。

結果如何？兩種選項上都沒有事先打勾的第一組中，有61％的人選擇「安寧照顧」；而基本設定值為「安寧照顧」時，77％的患者原封不動選擇「安寧照顧」；基本設定值為「延命治療」時，只有43％的人選擇「安寧照顧」。換言之，有34％的患者在基本設定值的影響下，決定了終末期的醫療。患者做完選擇後，研究人員表明真正的用意，給予患者改變決定的機會，但是據了解已經做了決定的患者，幾乎都沒有改變選擇。

2. 將訊息的影響納入考量

獲益與損失的框架

醫療人員傳達的訊息，會如何改變患者的決定？一項研究針對在一年內曾經接受癌症治療的 1,360 名患者進行網路調查，以手術後選擇是否接受化療的假想情境，分析不同的表達方式，對患者決定的影響。

先前提到，有關提高大腸癌篩檢率的推力，收到強調好處的訊息或損失的訊息，會導致不同的結果。那麼，不同的訊息會對選擇是否接受治療有什麼影響呢？

首先，研究人員對接收訊息的受試者，說了以下的話：

> 您之前接受檢查的時候，被建議做精密檢查而來到本院。現在檢查結果出來了，初步診斷為癌症。目前您尚無自覺症狀，醫師表示：「如果接受 A 療法，會發生嘔吐、身體無力、掉髮等副作用。A 療法為醫學上最推薦的治療方式，如果不治療，就沒有治癒的可能。」

以上說明後，接著給出強調獲益的訊息：「不過，A 療法的治癒率為 90％」和強調損失的訊息：「不過，A 療法無

法治癒的比率為 10％」。強調獲益的訊息時，有 91.7％的人願意接受 A 療法，而強調損失的訊息時，只有 79.3％的人回答願意。

改變了 A 療法的成功率後，得到的結果還是相同。例如當「A 療法的治癒率為 10％」時，有 45.7％的人回答願意接受 A 療法，而「A 療法無法治癒的比率為 90％」，只有 33.5％的人願意接受 A 療法。

受到訊息表達方式影響的人，多到無法忽視。在詢問各種療法的成功機率時，有六成的人不會因為強調利益或損失的表達方式而改變回答，反過來說，有四成的人會受到訊息表達方式的影響。不過，曾經做過化療的人，並不會受到訊息表達方式的影響。只有在當事人面對沒有經歷過且難以理解的事情時，容易因為訊息的表達方式而左右其決定。

療法的說明

那麼，在解釋醫學上不太推薦的療法時，又是如何呢？這次把受試者隨機分成六組。

第一組，醫師首先向受試者做以下解釋：「很遺憾，已經沒有更好的癌症療法了。如果非要做的話，還有 C 療法，但醫學上的效果並不顯著，而且有副作用。」然後問受試者

是否接受 C 療法。以上為基本訊息。

第二組則是說明：「還有一種 C 療法，不過醫學上的效果並不顯著，而且有副作用。」接著醫師直接表示不推薦積極性治療：「總結以上的話，很遺憾，以我的立場，不再做治療，對您來說是最佳選擇。」

第三組前半部的說明與第二組相同，後半部的說明如下：「與您相同情況的患者，大多選擇不再接受治療。」這是強調多數人的社會規範訊息。

第四組的後半部說明為：「不接受治療，不但沒有副作用，可以出院回家住，還可以出門去走走。」這是強調對當事人好處的訊息。

第五組後半部說明：「不接受治療，不但沒有副作用，可以出院回家住，還可以出門走走。這麼一來不光是您本人，家人也可以有良好的生活品質。」這是強調對當事人及其家人好處的訊息。

最後第六組，後半部分的訊息是：「還有，接受治療的話，會花掉一千萬圓社會保險費（對國家的負擔）。」這是強調社會成本的損失訊息。

第一組的基本訊息，有 21.6％的人選擇接受醫師不推薦的 C 療法。最少人選擇 C 療法的是第六組，也就是「接受

治療的話，要花掉一千萬圓社會保險費」。這一組是強調社會負擔的損失訊息，選擇 C 療法的人僅有 15.3％，比基本訊息的人少了 6.3％，是具統計意義的差距。

　　另一方面，強調對當事人利益的第四組「不接受治療，不但沒有副作用，可以出院回家住，還可以出門去走走」，有 16.4％的人選擇不被推薦的 C 療法。在此之外，接收其他訊息的各組，選擇接受 C 療法的人的比率，與接收基本訊息的第一組差別不大。

　　那麼，強調社會成本的訊息，就沒有問題嗎？該研究請受試者回答，對接收到的訊息有何感想。接收到「對國家造成一千萬圓的負擔」訊息的人，相較於接收到利益訊息的人，前者比較多人回答「有被遺棄的感覺」和「有必要換個好一點的說法」。同樣地，接收到基本訊息與不推薦訊息的人，也有許多人表示「有被遺棄的感覺」和「覺得難受」。因此，在實際運用推力時不能只看效果，也要尊重接收訊息者的感受。

　　原本預期不僅強調對當事人的好處，也把對家人的好處加入訊息中會很有效，但結果卻是和基本訊息一樣。如果強調對當事人本人的利益是有效的，那麼就可以推測或許是因為訊息變得複雜，而稀釋了效果。不要一次提供太多訊息，單純的訊息才有效。

3. 把成果的不確定性考慮進去

減重的推力

做有益健康的事之所以困難，原因之一在於現在所做的不會立即看到成果，太胖想減重於是開始運動，也要幾個禮拜後，才會看到體重下降。

假設醫生建議做些有益健康的事來達成減重目標，為了遙遠未來的好處，要犧牲現在的快樂去做運動或進行飲食療法，對一個不太思考未來的人來說會沒什麼吸引力，因此減不了重。如果是有嚴重現在偏誤的人，也會不想立刻實行這些有益健康的事，而是一天拖過一天，到頭來還是減不了重。

另一個問題是，做有益健康的事，不一定會看到成效。每天限制飲食外加運動，不見得會達成目標體重。也就是說，減重不成功，在於今天做的有益健康的事，不是今天一定能獲得成效，因此解決的方法是，減重不僅是未來的目標，還要能夠從今天的行為中獲得直接報酬，例如不是只設定三個月後減重五公斤，還要規定每天量體重，或者每天至少走七千步，達成就可以獲得獎賞，如此一來從事有益健康的活動能立即獲得獎賞，就比較不會一再拖延。

那麼，為了使人養成量體重或每天走七千步的習慣，該

採取什麼推力呢？有些人會因為金錢報酬而天天量體重和走路，就算不是金錢報酬，獲得手遊點數也不錯。有些手遊會根據步行距離給予點數，如果有一種和體重計連動的遊戲，說不定會讓人養成每天量體重的習慣。

也可以考慮使用損失趨避的誘因，一開始先獲得某金額的金錢或點數，如果不量體重或不走七千步，就從中扣除一定的金額或點數。

也可以祭出承諾機制。決定目標後，先寄放一定金額的錢，達不到目標就沒收寄放的錢。可以約定捐款給某個最不喜歡的團體，也是有效的做法，如果當事人是某足球隊或棒球隊的粉絲，達不到目標時就把寄放的錢捐給對手球隊。美國還真的有這種網站。

還有人提議更簡單的「精忠報國節食法」的承諾機制。右撇子的人在右手大拇指的指甲上寫「肥」字，吃東西的時候一定會看到「肥」字，能有效使自己想起正在節食。（只要想起正在節食就可以，就算不寫「肥」，寫「減」也行。）

也可以利用社會規範或同儕效應。下載並加入手機的減重團體 App，每天會收到達成目標的比較資料。

還可以採取禮尚往來的做法。健身房可以在教練端設定承諾機制，當顧客達不到減重目標時，負責的教練考績扣分。

有了這種誘因，教練會認真寄電郵請顧客確實來健身房，並提供飲食建議。教練的服務對顧客來說彷彿是贈與，於是會按時上健身房並注意飲食，以做為回報。利用禮尚往來的做法，比較容易達成減重目標。

也可以利用基本設定值，把飲食、運動規則化。規定用餐時「飯不超過一碗」、「先吃蔬菜」、「晚上九點以後不吃東西」，並且把步行納入上下班的路線。

幾個關於減重推力的研究發現，金錢報酬（即使小金額）、強調損失的措辭以及採取承諾機制，都是有效的做法。有實證研究發現，走路可以獲得積分的寶可夢，能增加玩家每天的步行數。

表 7-1 整理了減重的推力。不過，這類推力在停止使用後，能否維持健康習慣則未可知。此外這類推力會使人產生彈性疲乏，長期的效果可能會下降。

改用學名藥

最近，政府政策也開始運用行為經濟學，像是利用基本設定值的推力，鼓勵人民使用學名藥（generic drugs）。

為了削減醫療費用，日本厚生勞動省鼓勵人民多使用學名藥。在「2015 年經濟財政營運與改革基本方針」中，明訂

表 7-1　減重的推力

對策	具體案例	推力
不只是減重這種未來的目標，也要訂定每日的行動目標	使目標能立即獲得報酬： ・每天站上體重計量體重 ・每天至少走七千步	達成目標的報酬：包括金錢報酬，以及手遊點數等非金錢報酬 運用損失趨避：一開始拿到一定金額的錢或點數，如果不按時量體重或沒有走七千步，就將一定金額的錢或點數扣除
利用承諾機制	決定目標，並事先訂定達不到目標的罰則 讓人很容易意識到自己正在減重	先提存一定金額的錢，若達不到目標就把這些錢沒收 精忠報國節食法：在慣用那一手的大拇指指甲寫上「肥」字
利用禮尚往來	減重夥伴的資訊交流或彼此鼓勵 醫療人員或教練，讓減重者感覺受到特別的照顧與服務	替彼此打氣 教練針對個別學生寄發郵件或提供建議
利用基本設定值	把運動、飲食規則化	上下班採取步行 晚上九點以後不進食，白飯以一碗為限
利用社會規範	把身邊的人的運動量當作參考點	告知減重夥伴們的平均運動量

2020 年之前，學名藥的使用量要占八成以上的目標。經過多方努力，學名藥的使用量從 2005 年的 32.5％，增加到 2018 年 9 月的 72.6％。

除了保險藥局在配方使用學名藥時可以多得點數之類的金錢誘因之外，值得注意的是，利用改變基本設定值的推力。

2008 年以前，經醫師判斷可以改用學名藥，就在處方箋上簽名，患者可以改用學名藥。但是到 2008 年改變做法，不同意「用學名藥替代」時，醫師才在「不可改用學名藥」的欄位上簽名。也就是說，2008 年以前的基本設定值是原廠藥，2008 年以後改成學名藥。到了 2012 年，明確表示處方的每一種藥品，能否變更為學名藥，在沒有打勾時，代表可以使用學名藥，基本設定值依然是學名藥。

日本全國學名藥的使用比率因此大幅提高，但地方性的差異甚大。2017 年，全國平均的使用率為 69.8％，其中以沖繩 80.4％、鹿兒島 77.3％、岩手 75.9％屬高比率，相對地，德島 61.3％、山梨 63.6％、高知 64.4％則較低。政府公布學名藥使用率低的都道府縣並敦促改善，也是利用社會規範的推力。

其中，學名藥使用率最低的德島縣，希望透過推力來提高使用率。三家縣立醫院及示範藥局，製作摺頁發給患者，

說明由於處方箋上的藥品，是以有效成分的名稱標示，因此患者可以選擇使用學名藥，藉由這次實驗，鼓勵患者改用學名藥，再檢驗這項政策的效果。（譯注：處方箋上的藥品名稱，有以「商品名」標示，也有以「一般名」標示，前者由各藥廠命名，後者則是藥品的有效成分。當藥師拿到以一般名標示的處方箋時，可以徵詢病患意見，改用成分相同、成本較低的學名藥，來減輕病患的經濟負擔。）

　　結果，示範藥局的學名藥品使用率，一年約增加了 10％。其中增加的半數，是同時從醫院和藥局都拿到宣傳摺頁的患者。不僅如此，該政策結束後，學名藥的使用率也未見下降，也就是說，提供資訊的推力有持續性的效果，可能是因為大家透過宣傳摺頁重新認識了學名藥，或者被宣傳摺頁的內容推了一把，而改變其行為所致。

　　此外，福井縣也進行了一項實驗，向使用原廠藥的糖尿病患者和小兒慢性疾病患者說明，改用學名藥能節省多少藥品費，勸導變為使用學名藥。結果 25.6％的糖尿病患者，以及 15.6％的小兒慢性疾病患者改用學名藥，也是藉由提供淺顯易懂的資訊，來改變人們行為的例子。

4. 器官捐贈的推力

英國的實驗

日本在 2018 年 9 月，登記願意捐贈器官者有 13,603 人。每年接受器官移植的人數雖然有增加，但 2017 年一年也僅有 380 人。一向以來，日本因腦死而捐贈器官的人本來就很少，而做出捐贈器官意思表示的人的比率很低，更是一大問題。

日本於 2010 年修改器官移植法，當事人不做意思表示時，可以經由家屬同意，在其腦死的狀態下捐贈器官。此後提供捐贈的器官數增加，但幾乎都不是當事人的意思表示，而是家屬同意捐贈。修改後的器官移植法施行後，有 77.4％的器官移植案例，是經家屬同意捐贈而移植，器官所有者的意思表示太少，是增加器官移植需要克服的難題。

第二章曾經提過，基本設定值對器官捐贈的意思表示有巨大影響，但是像日本這種大約只有 40％的人願意在腦死時捐贈器官的國家，把基本設定值變更為願意捐贈器官的「選擇退出」做法，在倫理上也會是個大問題，因此應該思考如何用推力，使更多人做出器官捐贈的意思表示。

英國的行為洞察團隊，針對人們上網更換駕照時，勸導登記加入器官捐贈的推力，進行了隨機的比較實驗。換發駕

照時，為了防止交通意外，會提供有關交通意外和安全駕駛的資訊，這也是勸導器官捐贈的大好時機。在這項實驗中，把 108 萬 5,322 人隨機分成八組，在換發駕照的最後階段，根據八種不同的推力，呼籲駕駛人登記成為器官捐贈者。

第一個推力是控制組：「請登錄成為器官捐贈者」。第二個推力在前一個訊息之外，加上強調社會規範的訊息：「每天有數千人在瀏覽過這個頁面後，登錄成為器官捐贈者。」第三個推力在前一個訊息之外，又加上捐贈者的合照。第四個推力加上負責器官捐贈登錄的英國國家血液服務（NHSBT）的心型標誌，透過視覺效果來凸顯訊息。

第五個推力傳遞損失的訊息：「每天有三個人因為等不到捐贈的器官而死亡。」第六個推力是強調利益的訊息：「您捐贈的器官，最多可以挽救九個人的生命。」第七個推力是訴求互惠的訊息：「當你需要器官移植時，會希望別人提供器官嗎？如果會，那就幫幫其他人吧。」第八個推力是：「如果您支持器官捐贈，就把它化為行動吧。」這是從針對運動和抽菸行為的研究所獲得的啟示，使人意識到「有意願」和「行動」的差距，進而改變行為。

結果如下。相較於第一個控制組的推力，最多人登錄成為器官捐贈者的，是第七個強調互惠訊息的推力，其次是第

五個強調損失訊息的推力。除了第三個附上照片的推力以外，其他的訊息也收到了效果。研究人員認為，合照沒有效果，是因為使用資料照片，或許會讓人感覺這是一種行銷策略。該例子也說明，不管預想會有多大效果，還是需要實際驗證才知道。

日本的實驗

英國的實驗，透過強調互惠和損失的訊息，有效增加了器官捐贈的登記人數，然而推力的效果可能會因文化不同而有差異，同樣的推力，在日本和在英國會不會同樣有效？筆者的團隊，在日本某駕照更新的場所，發放附有問卷的宣傳摺頁，然後驗證訊息的效果。

研究人員趁著駕照更新的講習開始前發放宣傳摺頁，請拿到的人回答摺頁所附的問卷，離開時由研究人員收回。共發出7,615份，收到的有效問卷3,729份，有效回答數3,375份。

訊息共分六類，第一個是透過同儕效應，讓人想起社會規範：「已經有許多人，做出捐贈器官的意思表示。」第二種訊息強調利益：「您的意思表示，或許能挽救六個人的性命。」第三是強調損失的訊息：「每週有五個人因為等不到人捐贈器官，而失去生命。」第四是訴諸互惠性：「或許你

有一天也會需要別人捐贈器官。」第五是第一加上第四。第六是器官移植的說明文字。

此外，為了觀察以上六種訊息的效果，在網路上針對日本各地駕照即將過期的人進行問卷調查。在監理機構的問卷，只詢問是否對提供或不提供做出意思表示，網路問卷則是加上有無捐贈器官意願的填寫欄位，詢問是否做出捐贈器官的意思表示。

結果，無論是網路問卷還是監理機構的問卷，強調互惠的訊息對增加器官捐贈的意思表示貢獻最大。另一方面，不同地域的人，對強調損失的訊息有著不同的認同度。在問到是否做出器官捐贈的意思表示時，社會規範的同儕效應訊息，被認為是有效的。在日本，有效的推力也有地域的差異，而強調互惠和社會規範的訊息與英國一樣是有效的，至於同時包含了同儕效應與互惠性的訊息則沒有效。訊息一旦複雜了，推力的有效性可能就變小。

第 8 章

公共政策上的應用

1. 消費稅的問題

看似沉重的消費稅

「假設所得稅的稅率固定為 10％，所得一百萬圓的人，要付多少稅金？」

這個問題，大部分的人都能立即回答。答案是十萬圓 $\left(100 \times \left(\frac{10}{100}\right)\right)$。那麼，下個問題呢？

「假設消費稅率為 10％，消費支出總額 100 萬圓的人，要支付多少消費稅？」

同樣地，不少人會立刻想到十萬圓 $\left(100 \times \left(\frac{10}{100}\right)\right)$。正確答案是 9.1 萬圓（ $100 \times \left(\frac{10}{100 + 10}\right) \cong 9.1$ ）。仔細想想，所得稅為外加稅，消費稅為內含稅，因此稅率相同但稅額不同。但是在探討租稅負擔時，往往會以為稅率相同，所以負擔一樣。

請思考下個問題。

「固定稅率 20％的所得稅所徵得的稅收，如果改以消費稅來課徵，應該把稅率訂為多少？」

這個問題的答案，需要幾個前提。為了單純化，就以每個人都把所得花光，完全不儲蓄為前提。想來或許奇妙，根據日本的國內生產毛額（GDP）統計，2005 年之後的家庭儲

蓄率都接近於零。2017 年為 2.5％，但 2013 年則是 -0.6％。日本家庭的高儲蓄率，已是 2000 年以前的事了。當然不是儲蓄金額為零，而是從整體的家庭收支來看，勞動世代增加的儲蓄，跟退休世代提領的錢幾乎相等。此外，雖然以租稅扣除額為零的固定稅率所得稅為前提，或許不符真實狀況，但社會保險費的費率為固定。

根據前述的前提，消費稅率需要 25％，才能徵得與 20％所得稅率相同的稅收。假設所得 100 萬圓，稅率 20％，稅額為 20 萬圓，可支配所得為 80 萬圓。若不徵收所得稅，可支配所得為 100 萬圓，則消費稅率需要為 25％，才能徵得 20 萬圓稅收。算法是 $100 \times \left(\frac{25}{100 + 25} \right) = 20$ 萬圓，與所得稅 20％ 的租稅負擔相同。

租稅負擔相同的情況下，課徵所得稅，稅率只有 20％，課徵消費稅卻要 25％。即使知道原因，但是看起來還是消費稅的負擔重得多。

租稅負擔相同，但消費行為不同

多數國民反對提高消費稅，但社會保險費幾乎年年增加，原因之一正是因為這種認知上的特性。

其實在傳統經濟學，是把固定稅率的勞動所得稅，和固

定稅率的消費稅看成同一件事，每個人一輩子最多只能花光自己賺來的錢，在這種預算限制之下生活，只要是固定稅率的稅，無論是對所得課稅還是對消費課稅，都是一樣的。但是，人們對兩者的認知卻大有不同，且即使稅負相同，心理上的感覺卻不一樣。如果消費稅和固定稅率的勞動所得稅正如傳統經濟學的看法是一樣的話，課徵哪一種稅比較符合民之所欲，與課徵哪一種稅的行政成本較高，就成了同一個問題。

理論上，即使是相同租稅負擔的消費稅和固定稅率勞動所得稅，不詳細說明，還是有很多人不了解。如果是這樣，在現實生活中，人在兩種租稅下的行為可能並不相同。有研究透過實際工作的實驗，來檢驗消費稅和綜合所得稅是否等價。實驗內容如下。

一、實驗參與者在限時三分鐘內做計算題，計算的途中可能被打斷，計算中斷的時間可換得果汁折價券。

二、依據計算題的正確答題數，實驗參與者可選擇食品折價券。對照經濟學模型，果汁的報酬相當於「休閒」，食品的報酬相當於「消費」。

研究人員根據以上設定，課徵理論上認為是等價的所得稅或消費稅，檢視實驗參與者的行為，在兩種租稅之下是否

有差異。結果課徵所得稅時，計算（工作）時間出現具統計意義的縮短，消費也減少。

研究人員認為，這是因為課稅時機所造成的結果。由於課徵所得稅時相較於課徵消費稅時，前者從回答計算題（工作）所獲得的實際收入變少，可能降低其工作意願。而課徵消費稅時，可能是在使用折價券消費的時候，才察覺到含稅價格上升而減少消費。根據該研究，課徵所得稅比起課徵消費稅更容易降低人們的工作意願。

本質上是相同的稅，卻使人做出不同的行為，這樣的結果不僅在實驗室中的實驗看到，在改變超市標價的實驗也觀察得到。在美國的超市，研究人員將一部分商品標上含稅價格。結果發現，標示含稅價格的商品的銷售額，平均減少了8％。換言之，不同的標示，改變了消費行為。無論是否標示，但含稅價格都是一樣的，消費者雖知道消費稅率，卻改變了消費行為。日本雖規定商家有義務標示含稅總額，但是在「消費稅轉嫁對策特別措置法」之下，2013 年 10 月 1 日起至 2021 年 3 月 31 日止，允許以不含稅價格標示。這種特例或許對消費者的行為也造成影響。

本質相同的消費稅和所得稅，卻使人有不同的行為，稅負相同但消費行為不同，這可能是因為我們沒有將消費稅考

慮在內。課徵所得稅時，勞動所獲得的所得淨額變少，因而意識到所得稅的租稅負擔，而減少勞動。課徵消費稅時，是在沒有考慮到消費稅負之下而工作，也就是「消費稅忽視偏誤」，使得消費稅與所得稅呈現不等價。

計算錯誤的偏誤

對租稅產生錯誤認知的主因，不光是忽視租稅存在而造成的偏誤。即使把租稅的存在考慮在內，如果租稅的計算方式錯誤，同樣會產生錯誤的認知。由於日本當今的稅制相當複雜，或許並沒有很多人會好好去計算該怎麼做才能減輕租稅負擔。有研究發現，實驗參與者在單純的累進所得稅制下能夠採取最適行動，然而在複雜的累進所得稅制下，卻無法採取最適行動，可以認為這是所得稅的「計算錯誤偏誤」，導致對租稅的錯誤認知所造成。

本段一開始的計算問題，有研究透過實驗進行確認。首先，請實驗參與者單純地做計算題，研究人員告知實驗參與者某個消費稅率與固定所得稅率，請他們選擇要在哪一種租稅制度下收受報酬。研究人員讓實驗參與者看到的稅率組合有以下四種。第一，租稅負擔相等的所得稅（20％）和消費稅（25％）；第二和第三是，稅率20％的所得稅，以及稅率

看似較高但實則稅負較低的消費稅（24％、22％）；第四，稅率20％的所得稅，與表面上與所得稅相同但實則稅負較低的消費稅（20％）。如果按照過去傳統經濟學的說法，所得稅與消費稅的等價性成立的話，當消費稅率低於25％時，大家應該都會選擇消費稅才對。

但是，實驗參與者在所得稅和消費稅的選擇上，大多以名目稅率的高低做為判斷基準。也就是說，如果消費稅率比所得稅率高，就會偏好所得稅。消費稅的課稅基礎，是扣除稅金之後的消費額，而所得稅的課稅基礎，則是扣除稅金之前的所得額，因此消費稅率要高於所得稅率，兩者的租稅負擔才會相等。大部分的實驗參與者忽視了兩種租稅在課稅基礎上的差異，以名目稅率的高低，來判斷租稅負擔。

為何人民偏好減輕稅率

從2019年10月起，日本消費稅的稅率從8％提高到10％，同時也對於食品食材飲品等推出了減輕稅率制度（維持原來的8％）。然而，大部分的經濟學者反對減輕稅率，2014年6月11日的稅制調查會上，幾乎所有的委員都對實施減輕稅率的做法表達強烈的反對。

經濟學者批判的主要理由有二。第一，減輕稅率不是減

輕低所得者負擔的有效做法；第二，減輕稅率會影響人們的消費行為，而導致無效率。

應該很多人不相信「減輕稅率不是減輕低所得者負擔的有效做法」。根據減輕稅率的民調得知，大約七成的人贊成實施減輕稅率（產經新聞・FNN 輿論調查〔2013 年 12 月〕、JNN 輿論調查〔2014 年 4 月〕、每日新聞調查〔2013 年 11 月〕等）。2019 年的此時，大部分的民意調查也顯示，贊成實施者多於反對。

贊成減輕稅率的意見如下。對於食物等生活必需品的消費稅率降低，等於是減輕了低所得者的租稅負擔，當然是減輕低所得者負擔的政策啊。許多人都知道，根據恩格爾法則，所得愈高者，食材費用占其總支出的比率（恩格爾係數）愈低。

以上全都正確，只是漏掉一個重要的事實，那就是高所得者也要購買生活必需品。的確，高所得者食材費占總支出的「比率」比低所得者小，但是高所得者食材費用的「金額」卻比較高。因此，減輕稅率受惠較多的，為高所得者。

根據財務省的試算，所得最低階層的人，一年因為減輕稅率而減少的租稅負擔為 8,470 圓，而高所得層級的人則是 19,750 圓，受惠程度是前者的兩倍有餘。為了降低消費稅提

高對於低所得者的負擔而實施減輕稅率，結果高所得者減稅的程度，卻大於低所得者。

減輕稅率等同補助金

減輕稅率會使得消費稅的稅收減少。為了從消費稅獲取一定的稅收，政府要實施減輕稅率，必須提高消費稅率。減輕稅率等於是在全面徵收消費稅的同時，針對適用於減輕稅率商品的購入金額，按某個比例支付補助金給購買者。如此應該不難理解，愈是消費金額高的高所得者，獲得的補助金也愈高。此外，減輕稅率或許會讓人以為是體恤低所得者的政策，殊不知這也是對生活必需品的生產者給予補助。

2009 年 3 月 4 日實施的「定額給付金」政策，凡在日本設有住所的個人或居留的外國人，一律給予一萬兩千圓的定額補助，然而此舉被批為「大撒幣政策」。的確，不論所得高低一律給予的補助金，或許可以被稱為大撒幣，如果定額給付金是大撒幣，減輕稅率就是比定額給付金更加惡劣的大撒幣政策。大家應該會同意，這是個讓高所得者獲取更多補助金的政策吧。

減輕稅率的行為經濟學

　　許多人贊成減輕稅率的原因，首先是誤解了比率和金額，也就是誤以為針對低所得者支出比率較高的花費（如食物類）實行租稅減輕，就能使低所得者少付些稅金。

　　第二個原因是，行為經濟學上的定錨效應。人們多半是根據與參考點而非與絕對值之間的差距，做為損益的判斷基準，如果消費稅為 10％，就成為定錨，低於 10％的消費稅率就認為獲利。實施減輕稅率的部分，稅收跟著減少，為了彌補這個部分的稅收損失，即使提高消費稅率到 11％，依然讓人感覺減輕稅率的政策，是個體恤低所得者的做法。這就好比低定價且不打折，與高定價但打折，雖然折扣後兩者價格相同，但後者讓人以為自己占到便宜，這是因為我們把定價當作定錨，根據和定價之間的差距，來覺得自己吃虧或占便宜。

　　第三個原因是，儘管中所得以上的人，知道自己因為減輕稅率而獲益，但由於名義上是針對低所得者的政策，使該政策容易取得正當性。

　　第四，生活必需品的生產者，為了使自己生產的商品需求增加，而主張減輕稅率是針對低所得者的政策，也可能使消費者的認知產生偏差。

　　減輕稅率使價格體系產生扭曲，生產者藉此機會讓生活必需品的消費量增加了。真正的生活必需品，不論價格水準或所得水準如何，消費量不會有太大波動，當價格上漲或所得減少，生活必需品的消費量幾乎都只有些微的下降。減輕稅率使得適用對象以外的商品消費量減少，而減輕稅率對象的商品消費量增加了。減輕稅率的存在加上消費稅本身的負擔提高，使得扭曲的情況益趨嚴重，對消費行為被扭曲的消費者來說並非好事，而且第三和第四個原因，暗示中高所得者有與生活必需品的生產者勾串之虞。

2. 保險費負擔的問題

一般人的理解

所得稅或社會保險費實際上是由誰來負擔？一般來說，或者從法律層面來說，繳稅的人應該是實際負擔租稅的人才對。讓我們來思考一下，社會保險費的資方負擔和勞方負擔。資方負擔的社會保險費是由業主支付，大部分的人認為實際上也是由業主負擔。在探討有關「雇用保險」中資方負擔金額的使用方式時，許多人認為「收取的保險費，應該回歸到業主才對」。（編按：社會保險是由資方勞方各負擔一半保費，其中包括健康保險、厚生年金保險、雇用保險等項目，保費會從員工的薪資中扣除。雇用保險是與失業、雇用相關，若是失業了可以獲得失業補助金。厚生年金保險相當於台灣的勞退基金，是為了退休後的生活或是生病、受傷或死亡而準備的保險制度。）

也有工會主張「應減少社會保險費中勞方負擔的百分比，提高資方負擔的百分比」，不光是工會以為社會保險費的資方負擔部分，不會變成由勞方負擔，厚生勞動省也認為，資方負擔的部分不會讓勞方負擔。

例如厚生勞動省在「第四次有關社會保障之教育推進檢討會」（平成 24 年 3 月 23 日）中，以「關於社會保障之正

確理解的個案研究～社會保險制度之『世代差距』的相關論點」資料，做出如下說明：「厚生勞動省的厚生年金給付，其繳交的保費與給付金額間的關係，不含『資方負擔』的部分。」亦即厚生勞動省不認為，這類國民年金的資方負擔會由勞方來負擔。

厚生勞動省舉出以下兩點理由。第一，勞方並不把資方負擔認知為自己的負擔，具體來說，「從業主的角度，或許會主張『資方負擔』應該納入對勞方的負擔金額來計算，但是勞方幾乎沒有認知到自己負擔這個部分」。

如果以上道理成立的話，只要本人幾乎沒有認知到自己正在負擔，即使實際上正在負擔，也不成為負擔。例如在損害賠償的情況下，如果受到損害的人並沒有認知自己受損害，或許就沒有損害的存在。但是以國家政策來說，因為某種錯覺，而使沒有什麼負擔感的人實際承受負擔，這就是個問題。以為自己沒有負擔到，卻承受實質負擔的勞方，後來如果發現的話，或許會後悔當初應該支持別的政策才對。

厚生勞動省的第二個說明是，資方的負擔不會百分之百轉嫁到勞方身上，並提出該論點的根據，在於「業主為了減輕社會保險費的負擔，會採取增加雇用非正職人員等做法，以適用兼職勞動者的社會保險，如今在該法適用範圍以外的

多數企業團體表現出強烈的不滿，理由何在？此外由於薪資
具有僵固性，無法彈性調整，多項實證研究指出，要把社會
保險費轉嫁到員工的薪資上，需要相當的一段時間。」

　　最後，有關社會保險費轉嫁到薪資上需要時間，厚生勞
動省只說了不會立即轉嫁，但不表示不會轉嫁。前面兩個說
明，或許意味著社會保險費中，屬於資方負擔的其中一部分
可能不會轉嫁給勞方，但不表示完全不會轉嫁到勞方身上。
另外也無法否認業主可能因為其他理由，而將負擔轉嫁給勞
動者。

傳統經濟學的解釋

　　不僅是厚生勞動省，一般民眾也大多認為，形式上付錢
的人，就是實際的金錢負擔者。但是傳統經濟學的標準想法
是，實際支付稅金的人，與負擔租稅的人是兩回事。

　　傳統經濟學認為，實際支付稅金的人，例如必須支付社
會保險費資方負擔部分的業主，可以透過調整產品價格或薪
資，將該稅金的部分或全部轉嫁給顧客或勞方。必須支付社
會保險費資方負擔部分的業主，應該會把這筆錢從員工的薪
資中減去。如果業主面對的是競爭性的勞動市場，則付給勞
動者的含稅薪資（其中包含資方負擔的社會保險費在內），

要等於增僱一位勞動者時所增加的產值（即邊際生產力）。就算業主負擔的社會保險費增加，勞動者的生產力也未必會增加，由於生產力不變，業主便不可能將含稅的薪資往上調升，只能降低薪資來因應業主負擔的社會保險費。

無論薪資上漲還是下跌，如果勞動者的工作時間不變，情況算是單純的，當社會保險費的業主負擔增加，勞動者生產力不變的情況下，業主只好將這個負擔的金額，從薪資中減去。即使勞動者的薪資被減，只要他們沒有辭職，社會保險費業主負擔增加的部分，就從這些人的薪資中減去，業主的負擔百分之百轉嫁給勞動者，即使直接支付社會保險費的人是業主，但實質負擔的，卻是面對低薪資的勞動者。

不過，薪資被壓低的勞動者，如果辭去工作或者縮短工時，情況就不同了。假設資方如上述一般，把業主負擔增加的部分轉嫁給勞方，使勞方實拿的薪資降低，導致有勞動者辭職，這時從企業的角度，如果想確保獲得相同人數的勞動力，就不能減少薪資。但是只要雇用的勞動者人數不變，勞動者的生產力也不變，當業主無法將增加負擔的社會保險費，用減薪來轉嫁的時候，就只能採取精兵政策，設法提高勞動者的生產力，於是雇用的勞工人數減少。這種情形下，業主負擔的社會保險費，或許幾乎無法轉嫁到勞工的薪資上，但

是雇用人數減少，代表整體勞動者的所得減少。

　　簡單來說，傳統經濟學中，只要面對的是競爭性的勞動市場，業主負擔的社會保險費，就可以透過壓低薪資或減少雇用，讓勞動者一起來承擔。最重要的是，如果勞動市場不是競爭性的，薪資和邊際生產力原本就不一致，業主增加負擔的社會保險費，不見得就能轉嫁到員工的薪資上。

現實情況是如何呢？

　　關於業主負擔與勞動者負擔是否相同的問題，最近的實證研究顯示，傳統經濟學所設想的，與現實之間有差異。例如照傳統經濟學的說法，個人所得稅率的改變，與業主負擔的社會保險費改變，對稅後薪資的影響相同，因此兩者對於勞動供給造成的改變應該也是一樣的。

　　但是根據實證分析的研究，當個人所得稅的稅率改變時，由於勞動者改變了勞動的供給，因此課稅前勞動所得金額改變；但是，當業主負擔的社會保險費改變，課稅前勞動所得金額不變，所以勞動供給不變。還有，也有研究發現，業主負擔的社會保險費的改變，不會使高所得者的勞動供給產生變化。

　　有幾項研究透過實驗，以了解稅金的課徵方式對勞動供

給的影響，這些研究大多證實，即使勞動者的稅後薪資（淨所得）不變，但稅金的課徵方式會使得勞動供給產生變化。

　　例如有研究發現，稅前薪資較高者，其勞動供給會大於淨所得相同、但稅前薪資較低者。根據該研究，實驗參與者被要求將信折好放入信封中，根據完成的信封數領取薪資，而薪資的支付方式，因為稅制的差異而有三種型態，但扣稅後的淨所得全都相同。如果是理性的勞動者，無論薪資的支付方式為何，勞動供給或努力程度應該都是一樣的，但是課稅前的名目薪資較高者，在勞動時間和折好信紙放入信封的數目方面，都多於課稅前名目薪資較低者。也就是說，實驗參與者把含稅的薪資與扣稅後的薪資混為一談。

　　即使本質相同的所得稅和社會保險費，也會因為是由業主負擔或者勞動者負擔，而改變人們的行為。傳統經濟學不考慮這一點就設計制度，應該還是要以現實中的人類行為為前提，來考慮政策或制度。

3. 保險制度的問題

國民年金、國民健康保險的必要性

日本國民有義務加入國民年金和國民健康保險。為什麼這類的社會保障，要採取強制加入的方式呢？

國民年金是為了支應老年生活費，在工作期間徵收的年金保險費（即「厚生年金保險」）。國民健康保險也是為了支應生病或受傷時的醫療費用，每年徵收一定金額的保險費。但是，想存老本的人可以自己存，認為老來窮也無所謂的人則不存，這不就好了嗎？

醫療保險也是，擔心生病就自費投保民營的醫療保險，自認健康的人則不投保，不強制人民投保醫療險，有需要的人向民營保險公司購買保險商品，應該就可以了。也有人反對政府強制人民加入年金保險或醫療保險，認為政府太「愛管閒事」。

關於這個問題，傳統經濟學的回答是：「在民營市場上，年金、醫療保險因為資訊不對稱，而發生反淘汰現象，導致無法供給充分的保險商品。」

假設這個社會上只有民間保險公司提供年金服務。保險公司根據投保人的平均壽命，決定保險費率和保險給付額，

使保險費的收入和付出的保險金達到平衡。也就是說，活得比平均壽命長的人，會因為買了這項年金保險商品而獲利，而短命的人則是損失。保險公司無法正確得知每個人究竟會長壽還是短命。

另一方面，想加入年金保險的人，對自己的健康狀況會有某種程度的了解，如此一來，只有自認壽命會高於平均的人才會加入年金保險。而由於加入年金保險的人淨是一些長壽的人，若是不提高保費，保險公司就要虧錢，然而為了防止虧錢而提高年金保險費的話，就更是只有長壽的人才加入，同樣的狀況一直重複，以致年金保險費變得太貴，民營保險公司漸漸不提供私人的年金保險。因此，政府有必要提供強制人民納保的年金保險。以上是傳統經濟學的說明。

但是，行為經濟學的想法是，由於消費者的有限理性（bounded rationality），所以需要社會保障的制度。也就是說，人們具有現在偏誤，或是即使訂了計畫，但缺乏決斷力無法付諸行動而存不了老本，所以才需要強制人們加入國民年金。而且，行為經濟學也認為，很少人有能力根據未來的預期所得與利息、稅金等知識，正確計算要存多少錢才足夠養老。

至於市場上無法提供充分的醫療保險商品，傳統經濟學認為原因在於資訊不對稱，導致只有不健康的人才會買醫療

保險。但是行為經濟學認為,人們對於健康風險的看法存在偏誤,加上計算能力有限,使得不健康的人當中只有極少數加入民營醫療保險。例如對於自己的健康感到樂觀的人可能不會加入健康保險,缺乏自制力的人可能拖延著不加入健康保險,以及有強烈損失趨避的人不喜歡支付保險費等……健康風險愈大的人,愈可能有以上的行為。也就是說,從行為經濟學來看,健康風險高的人,對健康保險的需求太少。

道德風險

醫療保險也好,失業保險也好,醫療費的過度給付或失業長期化等道德風險(moral hazard),被傳統經濟學視為問題。所謂道德風險,是因為投保而導致投保人的行為改變,從而改變了風險發生的機率。保了醫療險之後,不必到醫院治療的情況也要去醫院。投保了失業險,於是隨便辭掉工作,或者不認真找工作。

但是在醫療界,本來就存在著病人該吃藥卻不吃,該上醫院卻不上醫院這種就醫不足的問題。當醫療保險的自負額提高時,醫療需求大幅下降的原因,有兩種解釋。第一,當患者的自負額低的時候,可能發生過度就醫的道德風險。第二,自負額提高的結果,該上醫院的人不上醫院,可能產生

就醫不足的問題。有強烈現在偏誤的人，對於負擔當下醫療費用的厭惡，可能勝過健康這種長期的利益。

無論是哪種原因，如果不查明問題是否發生，便無法採取正確的因應對策。

提出法案與損失趨避

表達的方式只要有一點不同，就可能大大改變我們的判斷，不光是日常生活中的決策，政治決策也是如此。稍微岔開話題，讓我們思考以下法案提出的案例。

有研究透過實驗發現，法律提案的方式，可能會改變該法律是否被採納。研究人員以每個政策帶來的利益和損失為前提，提出各種包套政策，例如興建火力發電廠的好處是減少停電，同時有發生公害而危害健康的損失。假設 K 市興建火力發電廠，預計可減少 1,000 小時的停電時間，然而健康受損的人會增加 10 人。以上為 A 法案。另一方面，廢止 M 市的火力發電廠，會增加 800 小時的停電時間，而健康受損的人會減少 12 人，以上為 B 法案。

研究人員讓實驗參與者就 A 法案和 B 法案分別投下贊成或反對票。結果有 41％的人贊成 A 法案；23％的人贊成 B 法案。兩個法案都被否決。

接著是結合 A、B 兩法案的 C 法案，也就是興建 K 市的火力發電廠，同時廢除 M 市的火力發電廠。該政策能減少 200 小時的停電時間，並減少 2 人受健康危害。請實驗參與者就 C 法案投下贊成或反對票，結果 66％的人贊成，C 法案獲得通過。

如果單獨提出 A 法案，會凸顯「多 10 人健康受危害」的損失，單獨提出 B 法案，則凸顯停電時間增加 800 小時。有損失趨避特質的投票者，對兩個法案都會投下反對票，但是把同樣的兩個法案整合成 C 法案的話，停電時數減少且健康受損的人數減少，在投票者的眼裡，損失就變得不醒目，投贊成票的人也就增加了。

同樣地，P 法案提議興建新的道路或橋樑等基礎建設，能創造三萬個工作機會，但是需要加稅一兆圓，有 59％的人贊成。Q 法案提議裁減公務員而減少雇用二萬五千人，同時減稅一兆兩千億圓，有 28％的人贊成。結果 P 法案以些微過半數獲得通過，Q 法案則遭到否決，看來還是因為損失太明顯的緣故。但是，若將兩個法案結合，將興建基礎建設的公共工程與裁減公務員兩者組合成 R 法案，結果有 83％的人投贊成票。結合後的 R 法案，增加雇用五千人，並且減稅兩千億圓，怎麼看都只有利益。提出政策時，讓損失變得不明

顯，就容易被贊同。

　　以上提出政策的方式說明了，即使整體來說有好處的政策，但某部分有缺點的話，其實有必要好好研究一下。相反地，若要反對某項政策，就把政策隱含的缺點，當作損失來大肆強調。

　　有研究透過實驗，說明減稅政策也會因為名稱而影響消費行為。減稅退還稅金時，把退還的稅金稱為「退稅」或「稅金返還」，還是稱為「獎金紅利」，這筆錢的使用方式也會不一樣。

　　研究人員給參與實驗的哈佛大學學生每人 50 美元。其中一組的說明是：「研究室的資金有盈餘，這 50 美元是退還給你的學費」，另一組不說是「學費退還」而說是「紅利所得」，之後請學生記錄這筆錢的使用方式。被告知「學費退還」的那一組，50 美元當中有 43 美元被存了下來，而「紅利所得」那一組，則是 50 美元用掉了 31 美元，只存下 19 美元。

　　研究者指出，強調「紅利獎金」這種利益導致消費增加，而返還或退還已發生的利益，只是事後才支付，這很難認為是所得增加。

讓人意識到自己是少數

展示多數人的行為，以此做為社會規範，讓大家意識到偏離這種行為的人是少數，這是推行公共政策時有效的推力。

有些人報了稅卻不在期限內繳納，這個問題讓英國政府很頭痛。於是英國的稅務海關總署（HMRC）與英國內閣府（cabinet office）的行為洞察團隊（Behavioural Insights Team）共同進行實驗，調查什麼樣的催繳信內容，最能有效使已經報完稅但尚未繳稅的十萬人繳納稅款。

具體的訊息有以下五種：

一、十人當中，有九人會在納稅期限內繳納稅款。

二、在英國，十人當中有九人會在納稅期限內繳納稅款。

三、在英國，十人當中有九人會在納稅期限內繳納稅款，你是至今尚未繳稅的極少數人。

四、繳稅意味著每個人都能享受國民健康保險、道路、學校等社會必要服務的好處。

五、不繳稅，意味著我們每個人都無法享受國民健康保險、道路、學校等社會必要服務的好處。

研究人員把這五種情況跟沒有寫這些訊息的催繳信相比，想知道當催繳信加上哪一種訊息時，會改變人們的納稅行為。

　　你讀到哪個訊息的時候，會覺得應該乖乖去繳稅？最有效的是第三個，也就是強調少數人的訊息。相較於沒有這個訊息的催繳信，23 天內繳稅率提高了 5.1％。其次是強調「在英國」的第二個訊息，增加了 2.1％。接著是強調社會服務的第四和第五，增加了 1.6％。第一個訊息增加了 1.3％。看似只差了幾個百分點，但小小的改變，就為納稅金額帶來莫大的差異。

　　接著，研究人員對大約十二萬英國人進行同樣的實驗。這次也檢視「別人做什麼事」和「別人認為應該做什麼事」的兩種表達方式，哪一種比較有效。結果發現，「別人做什麼事」的表達方式，以及告訴當事人屬極少數者，是有效的訊息。

4. O 型的人為何會捐血

用血型判斷性格

　　許多人相信從血型可以判斷性格。日本人的血型分布，A 型約占 40％，O 型約 30％，B 型約 20％，AB 型約 10％，呈現不規則的分散狀態，或許這也是許多人相信可以從血型判斷性格或是用血型算命的背景因素。根據網路資訊，各種血型的特點如下。A 型的人認真、真誠、懂得察言觀色，缺點是神經質而且固執。O 型的人行動力強，不拘小節，缺點是粗枝大葉、過度自信。B 型的人有創意、擅長社交，缺點是好惡分明，容易爆衝。最後 AB 型的人感受力強、冷靜，缺點是怕麻煩、精於算計。

　　大部分的人或多或少相信可以用血型判斷性格，但學術研究則幾乎完全推翻這點。大阪大學使用大規模的日美比較調查資料進行研究，發現六十八項性格或行為特質當中，有六十五項的差別不具統計意義。不僅如此，即使具統計意義的差異，最多只有區區 0.3％可以用血型來說明。該研究也分析了職業與血型無關，幸福感或利他性與血型也無關。

捐血行為與血型

血型與人的行為特質之間，是否一點關係都沒有？大阪大學透過問卷，調查捐血行為和血型的關係，筆者也參與了這項研究。2017 年的調查中，詢問了過去一年與過去數年的捐血行為。

1,311 位問卷作答者當中，過去一年曾經捐過血的人約占5.5％，數年內捐過血的人約 11.7％。從血型別來看，捐血的比例如下。過去一年曾經捐血的人，A 型占 4.1％、B 型 4.3％、O 型 7.5％，AB 型 7.1％。O 型捐血比例最高，經過統計分析，結論是：捐血比率很可能因為血型而不同。數年內曾經捐過血的人的比率，A 型 9.6％、B 型 9.4％、O 型 15.1％、AB 型 14.3％，與前面的結果相同。在這情況中，捐血者的比率在不同血型之間並無差異的虛無假設（null hypothesis）為 3.2％，因此拒絕。

或許有人會質疑，O 型的人比較會去捐血，是否因為不同的血型，使回答者偏向某個屬性？筆者也從統計學的角度，控制年齡、性別、收入、學歷、健康狀態、性格特質等因素進行分析，即使如此 O 型的人還是顯示比其他血型的人，有較高的捐血傾向。

捐血是很純粹的利他行為。捐血的人在其他方面應該也

比較具利他性，較可能做出利他的事吧？ O 型的人是否屬利
他型的人，在這項問卷中，針對骨髓庫登錄、簽字同意腦死
時捐贈器官、捐款等利他行為的主觀性指標，以及利他性、
一般信賴度（譯注：對初次見面者的信賴度）、互惠性、協調
性等性格特質的主觀性指標等提出問題。事實上，不同血型
之間，在利他行為或主觀性指標方面，並不存在統計差異。
因此可以認為，O 型的人捐血，並不是因為 O 型的人比其他
血型的人具利他性。

著眼於血型特質

　　為何 O 型的人比較會去捐血，筆者把重點擺在捐血這件
事的特質。不同的血型，可輸血的對象也不同，O 型血可以
輸給 O 型以外的人，即使 O 型的人利他程度相同，也會想對
社會多做點貢獻。若是如此，只有知道「O 型血也可以輸給
其他血型」的人，才觀察得到不同血型的捐血比率差異才對；
相反地，不知道以上事實的人，就觀察不到血型不同所造成
的捐血率差異。

　　回答者當中，有 74％的人知道「O 型血也可以輸給其他
血型」。只針對知道以上事實的人進行分析，看到 O 型回答
會去捐血的人所占的比率，稍高於全體問卷回答者，且具備

可觀察到的統計差異。另一方面,只針對不知道上述事實的人進行分析,便看不到不同血型間的捐血率差異,O 型人的捐血率,與其他血型的人差不多。

O 型人比其他血型者願意捐血,也可能是因為 O 型血比其他血型更常出現經常性的不足,或是 O 型人比其他血型的人健康。但是即使將各都道府縣的各種血型庫存率、季節變動或健康狀態等因素加以控制,結果依然是 O 型人的捐血比率較高。

在醫療第一線,除非是血型不明的緊急事件,或某種血型的血量不足,否則不會把 O 型血輸給其他血型。但由於知道 O 型血的輸血範圍更廣,因此 O 型人的捐血行為便別具意義。

有心為社會盡一份力時,當自己的社會貢獻產生的效果愈大,就可能對社會做出更多貢獻。醫師、律師、演藝人員等極高所得者,有時會從事義診、免費法律諮詢或義演等,他們如果不從事這些活動,可以賺取更多所得,就這點而言,他們擔任志工的機會成本比較高。如果這些人的利他性與大家相同的話,從事義務活動的比率應該會比較低,但是醫師、律師、演藝人員等,正是因為認識到自己的志工活動帶來的社會影響力高於其他人,才積極從事志工活動吧。

　　從 O 型人的捐血行為可知，若要有效鼓勵捐獻或志工活動的風氣，就要讓大家認識到，從事這些活動對社會的好處。

結語

　　本書是以精簡的新書形式，解說行為經濟學的思考方式和推力，介紹在工作、健康醫療、公共政策等領域的應用範例，並且說明如何思考推力的設計以改善行為。我在 2018 年與平井啟先生共同編著了《醫療現場的行為經濟學》（東洋經濟新報社），該書用行為經濟學來解釋醫療人員以及在醫療現場實際發生的案例，並且思考改進之道。許多醫師不明白，患者為何不能做出合乎理性的決策，而許多患者則認為，醫師的說明難以理解，而難以做出決策，行為經濟學則對以上問題做出淺顯易懂的說明。許多醫療人員，在了解行為經濟學後，會說：「我終於弄懂患者在想什麼了。」

　　傳統經濟學的模型，是建立在人類具備高度計算能力，能正確運用資訊做出理性決策，也就是理性經濟人的人類觀。如此極端的人，在現實生活中幾乎不存在，但即使設定這樣的人性特質，某種程度能充分說明世間發生的種種現象，卻

不能說這在預測個人行為上，是有效的設定。不過，第一線的醫療人員一直以為，只要提供正確資訊，患者就能做出正確的決策，與理性經濟人的假設簡直如出一轍。防災的領域也是如此，以為只要教導災害知識或避難場所，人民就能確實採取防災行動。突然生病或突發性災難時，很難要求一個人做冷靜判斷，儘管透過教育讓人做出正確的判斷，是件重要的事，但懂了卻做不到才是人性。在考量以上人性特質的基礎上，思考世界上各種事物的運作，才能提高你我的滿意度。

本書若能啟發大部分的人在日常生活或工作上多花點心思，實屬萬幸。

本書是以我在大阪大學經濟系的授課內容為基礎，我要感謝來修這門課的同學們。在課堂上擔任助教的佐佐木周作、黑川博文、船崎義文等三位先生，在授課內容上給予我許多建議，本書恰恰反映與他們共同研究的成果。長年擔任研究室祕書的村島吉世子女士，仔細閱讀書稿並提出修正的建議。負責成立環境省推力小組（nudge unit）的池本忠弘、三菱UFJ研究諮詢（research and consulting）部門的小林庸平、從財務省調任橫濱市的津田廣和、立命館大學的森知晴各位先生，對草稿提出諸多改善的建議。我在系上研討會的學生們，對本書的初稿提供了意見，使本書更加易讀。岩波新書的主

編永沼浩一先生鼓勵我寫這本書，並以強大的毅力等待我動筆，編輯功力更是一流。研究室祕書中井美惠女士細心校對書稿，感謝各位。

最後，我要感謝隨時願意傾聽本書內容的我的家人。

2019 年 6 月　　　　　　　　　　　　　　大竹文雄

文獻解題

　　行為經濟學這門學問已逐漸為人們所知，並且已有許多優秀的教科書出版。若想了解行為經濟學，丹尼爾・康納曼（Daniel Kahneman）的《快思慢想》（*Thinking, Fast and Slow*）會是一本有趣的讀物。筒井義郎、佐佐木俊一郎、山根承子、馬爾蒂拉（Greg Mardyla）合著的《行為經濟學入門》（東洋經濟新報社，2017）很容易讀，是行為經濟學領域的入門教科書。稍微進階的教科書，可參考大垣昌夫與田中沙織合著的《行為經濟學 新版》（有斐閣，2018），清楚解釋了傳統經濟學與行為經濟學的關聯性。

　　行為經濟學是一門極具實踐可能的學問，本書中介紹的推力，是能讓我們的行為變得更好的一種方法。塞勒（Richard Thaler）與桑斯坦（Cass Sunstein）合著的《推出你的影響力》（*Nudge: Improving Decisions about Health, Wealth, and Happiness*, 2008），有介紹推力的具體案例。山根承子、黑川

博文、佐佐木周作、高阪勇毅合著的《今天起可以使用的行為經濟學》（ナツメ社，2019）是在實踐行為經濟學的宗旨下，用圖解的簡單方式介紹行為經濟學。經濟合作發展組織（OECD）編著的《世界的行為洞察—導入公共推力的政策實踐》（明石書店，2018），介紹了世界各地的推力案例。

日本也開始將推力活用在政策上，日本的推力小組（nudge unit, BEST）於 2017 年 4 月設立，介紹日本的各個研究案例。www.env.go.jp/earth/ondanka/nudge.html

以下介紹與各章主題相關的參考資料，也彌補本書之不足。有興趣的讀者請參考。

第 1 章　行為經濟學的基本概念

展望理論

在展望理論中，做決策時把微小的機率看得較重，圖 1-1 的 S 形曲線，顯示客觀機率與用在決策上的機率之間的關係，稱為機率加權函數（probability weighting function）。不過，如果將機率加權函數的值，直接用在決策上，會導致用來做決策的機率合計不等於 1。

為了解決這個問題，展望理論尋求更好的做法。在有利

得的情況時，使用與最樂見的事有關的機率加權函數的值（損失的情況，則使用與最不樂見的事有關的主觀機率）。第二樂見的事（損失的情況則是第二不希望發生的事），則是將發生最樂見的事與第二樂見的事相對的客觀機率的機率加權函數值，減去最樂見的事發生的客觀機率的機率加權函數值，用在決策上。

舉例來說，拋擲硬幣，如果出現正面就給兩萬圓，反面得不到錢。假設出現正面的客觀機率為 50%，而用機率加權函數表現的機率為 0.4，就把機率加權值 0.4 用在得到兩萬圓的樂見情況上。至於得不到錢的情況，則是把出現正面的可能性與出現反面的可能性兩者之一發生的機率加權值，減去出現正面的機率加權值。

由於正面或反面必定會有一面出現，因此客觀機率為 1，這時的機率加權值也是 1。因此，反面出現時，做決策用的機率是將 1 減去 0.4，也就是 0.6。詳見 Tversky & Kahneman (1992)。

過度自信

認為自己的成功機率高於客觀機率，這種傾向存在著男女差異，因此男女對競爭的喜好也不同，關於這方面的研究，請參考水谷等人（2009）的研究。此外，男性由於過度自信，

比女性容易被選為領導者，請參考 Reuben et al. (2012)。

損失趨避（loss aversion）

「死亡率 10％」和「存活率 90％」是同一回事，但表達的方式強調損失時，人們對這個選項就會猶豫。關於這種框架效應的具體案例，請詳 Kahneman（2014）。

根據實證分析，大部分投資人在股票上漲時會賣出股票，但發生損失時卻不賣；股票投資發生虧損時也捨不得停損賣出，可以用展望理論的損失趨避來解釋。但是，快要發生損失時不是完全不賣股票，而是賣出一部分以避免更大的虧損，同時也避免股價又上漲時的損失。在有損失趨避的情況下，可以預測人們會在股價下跌時，賣掉一部分股票。也就是說，只要能從未實現損失中意識到要損失趨避，就不能說投資人無法認賠停損。Barberis & Xiong（2009）從理論上說明，要解釋投資人無法認賠停損，必須假設投資人是從已實現的損失意識到損失趨避。

稟賦效應（endowment effect）

Kahneman et al.（1990）以馬克杯的實驗來說明稟賦效應。擁有某樣東西的之前和之後，對這樣東西的評價不同，這種稟賦效應的特性，使傳統經濟學被視為強項的政策評估變得困

難。即使事前評估了 A 政策與 B 政策何者較優，但實際確定
擁有後，人們的評價可能會與先前不同。

現在偏誤（present bias）

傳統經濟學認為，人們會使用指數折現函數（exponential
discount function），來表示現在對未來的滿意度。也就是 $0 <$
$\delta < 1$ 當中的 δ，在 0 這個時點上，以 $\delta^t U_t$ 來表示未來第 t 期
的效用 U_t 的現值，用指數函數將未來的效用折現。這時不會
發生現在偏誤，人對於遙遠未來的決策，即使未來的日子逐
漸接近也不會拖延。銀行存款的利息和房貸利息也都使用指
數函數折現。

　　經濟分析上，多半使用準雙曲折現（quasi hyperbolic
discounting）來表現現在偏誤的時間折現函數。指數折現中，
在 0 時點時是用 $\delta^t U_t$ 來表現未來第 t 期效用 U_t 的現值，任何
時點的折現因子都是 δ^t。而在準雙曲折現中，0 時點的效用
折現因子為 1，也就是效用的現值為 U_0；第 1 期以後的效用
折現因子為 $\beta\delta^t$，第 1 期以後的效用 U_t 的現值，用 $\beta\delta^t U_t$ 來表
示（$0<\beta<1$）。

　　使用雙曲線函數能表現現在偏誤，也就是未來時點的折
現因子很大，也表示更有耐心，而從現在到明天的折現因子
小，因此人往往做出倉促選擇。

從選擇觀賞教育電影還是娛樂電影，可看到現在偏誤與承諾機制的有效性，請參考 Read et al.（1999）。有關將工作的截止期限設定得短一些，可以提高生產力的研究，請詳 Ariely & Wertenbroch（2002）。

沉沒成本（sunk cost）

沉沒成本不光是金錢的支出，也包括非金錢的支出。為了具備某種技能而努力累積經驗，結果因為技術更新而導致這項技術的價值大幅下降，儘管如此，許多人還是堅持繼續使用這項技術。福澤諭吉在緒方洪庵的適塾，學得了荷蘭語之後來到江戶，得知當時荷蘭語在甫開港的橫濱已經派不上用場，英語時代來臨，這段經驗記述在《福翁自傳》中。當時的蘭學學者明知已經是英語時代，但是當初為了學習荷蘭語花費的心血成了沉沒成本，而想要回收，於是許多人堅持講荷蘭語，不學英語。福澤諭吉寫到，他因為考慮到未來而學習英語，由此可知清楚分辨沉沒成本的重要性。

所得變動與心智能力

在開發中國家，作物採收前處於低所得狀態的農家，其心智能力低於在採收後富裕的時候，關於這點請參考 Mani et al.（2013）。

選項超載

Iyengar & Lepper（2000）的研究，比較超市展售六種果醬和二十四種果醬時的營業額，發現展售六種果醬的營業額勝出，說明當選項過多時，人們就不選擇了。

回歸平均值

回歸平均值的具體例子說明如下。假設投擲十枚硬幣，每出現一枚正面可獲得 100 圓。出現正面的硬幣數，平均值為多少？數學上的期望值為五枚，所以期望獲利是 500 圓。假設第一次投擲只有一枚出現正面，那麼下一次投擲十枚硬幣，出現正面硬幣數的期望值是多少？答案還是五枚。但是，出現一枚以上正面的機率，會高於只出現一枚正面的機率。

另一方面，當出現十枚正面後，接下來出現正面的期望值還是五枚。這時出現九枚以下正面的機率，一定高於出現十枚正面的機率。這雖然是事實，但如果只出現一枚正面，下次未必就會比較容易出現正面。

例如，只出現一枚正面時，就罵一罵硬幣。下次投擲時，多於一枚正面的可能性較高，就以為罵了硬幣後而出現多枚正面，其實並非如此。硬幣出現兩枚正面的機率，一定高於只出現一枚的機率，無論稱讚硬幣還是罵硬幣，與硬幣出現正面的枚數完全無關。

代表性捷思法

關於代表性捷思法的例子，Coussens（2018）的研究說明，不到四十歲的人，很難被診斷出罹患缺血性心臟病。在被送到急診室的患者當中，將四十歲前後的人做比較，四十歲出頭的人相較於不到四十歲的人，前者接受缺血性心臟病的檢查後確診的人較多，儘管年齡相差無幾。原因在於，醫療人員比較不會去懷疑三十幾歲的病人罹患心肌梗塞。

投射偏誤（projection bias）

關於投射偏誤的例子，美國 Busse et al.（2012, 2015）發現，天氣炎熱時敞篷車或是附泳池的房子總是賣得比較好，而下雪的時候四輪傳動車比較暢銷。其原因是，當時的天氣很熱，於是一味想著炎熱的天氣將會持續下去。

第 1 章　參考文獻

Ariely D, Wertenbroch K. Procrastination, Deadlines, and Performance: Self–Control by Precommitment. *Psychological Science* 2002, 13(3): 219–224.

Barberis N, Xiong W. What Drives the Disposition Effect? An Analysis of a Long–Standing Preference–Based Explanation. *Journal of Finance* 2009, 64(2): 751–784.

Busse MR, Pope DG, Pope JC, Silva-Risso J. Projection Bias in the Car and Housing Markets. *NBER WP* 2012, No.18212.

Busse MR, Pope DG, Pope JC, Silva-Risso J. The Psychological Effect of Weather on Car Purchases. *The Quarterly Journal of Economics* 2015, 130(1): 371–414.

Coussens S. Behaving Discretely: Heuristic Thinking in the Emergency Department. 2018.

https://www.stephencoussens.com/research

Iyengar SS, Lepper MR. When Choice Is Demotivating: Can One Desire Too Much of a Good Thing? *Journal of Personality and Social Psychology* 2000, 79(6): 995–1006.

Kahneman D, Knetsch JL, Thaler RH. Experimental Tests of the Endowment Effect and the Coase Theorem. *Journal of Political Economy* 1990, 98(6): 1325–1348.

Mani A, Mullainathan S, Shafir E, Zhao J. Poverty Impedes Cognitive Function. *Science* 2013, 341(6149): 976–980.

Read D, Loewenstein G, Kalyanaraman S. Mixing Virtue and Vice: Combining the Immediacy Effect and the Diversification Heuristic. *Journal of Behavioral Decision Making* 1999, 12(4): 257–273.

Reuben E, Rey-Biel P, Sapienza P, Zingales L. The Emergence of

Male Leadership in Competitive Environments. *J Econ Behav Organ* 2012, 83(1): 111–117.

Tversky A, Kahneman D. Advances in Prospect Theory: Cumulative Representation of Uncertainty. *J Risk Uncertain* 1992, 5 (4): 297–323.

Kahneman D. *Thinking, Fast and Slow*, Farrar, Straus and Giroux, 2011. 中譯本《快思慢想》天下文化出版

水谷徳子, 奥平寛子, 木成勇介, 大竹文雄. 自信過剰が男性を競争させる. 行動経済学 2009, 2: 60–73.

第 2 章　推力是什麼？

推力和濫擠

關於推力的定義和各種例子的基本文獻，請詳塞勒、桑斯坦（2008）。塞勒（Thaler, 2018）針對行為經濟學的不良應用（也就是濫擠）做了解說。

大型商社的晨間上班制度

內文所提到的晨間上班制度，係伊藤忠商事於 2013 年 10 月實施。據說該制度的實施，使伊藤忠商事的加班時間減少約 10%以上。

http://career.itochu.co.jp/student/culture/environment.html

推力的設計

OECD、行為洞察團隊、ideas 42 有關推力設計程序的解說，分別在 OECD（2018）、Haynes et al.（2012）、Barrows et al.（2018）的研究有詳細說明。此外關於推力的設計，也可以參考 Ly et al.（2013）的研究。

器官捐贈意思表示的基本設定值

器官捐贈意思表示的基本設定不同，使得各國的有效捐贈意願比率不同，請詳 Johnson & Goldstein（2003）的研究。

鼓勵存養老金的推力

2019 年 6 月 3 日的日本金融審議會市場工作小組報告書《高齡社會的資產形成與管理》中，記載「若每月的收入少於支出五萬圓，則二十年約需要提領一千三百萬圓，三十年約需要提領兩千萬圓。」該記載報導，退休時需要兩千萬圓資產，政府年金不足以支應。由於這份報告書會引起政治問題，增加人民的不安，而未被財務大臣正式接受。儘管該報告書被政治問題化，但卻是用淺顯易懂的方式，說明了養老儲蓄必要性的指導原則。

https://www.fsa.go.jp/singi/singi_kinyu/tosin/20190603/01.pdf

促使人民避難的推力

事前訂定計畫並承諾遵循，包括事先訂定何時該採取什麼行動的「時間序列（timeline）」以預防天災發生，或事先設定「避難開關」，在某種自然現象發生時採取避難措施，能夠使人民在天災時採取預防性避難。矢守、竹之內、加納（2018）建議設定個人或地區性的自主避難開關，他們從廣島的民調結果發現，以下訊息能有效促使人民去避難：「之前豪雨來臨時，聽從避難勸告而去避難的人，幾乎都是因為周遭的人去避難了，所以自己也跟著去。你不去避難，等於是讓他人的性命，暴露在危險之中。」該民調的結果概要，來自「有關災害時促使人民避難的訊息（案）」。

https://www.pref.hiroshima.lg.jp/uploaded/attachment/354548.pdf

颱風來襲時，為了使不避難的人去避難，塞勒（2015）引用《紐約時報》專欄中 Tierney（2005）的想法，做出以下呼籲的推力：「若不去避難，請用奇異筆在身上寫下社會安全號碼」。

海嘯避難三原則

所謂海嘯避難三原則，第一「不要自以為是」；第二「在當下

處境盡最大努力」；第三「率先去避難」（片田（2012））。
如文字所示，第一，即使根據受威脅地區地圖（hazard map）
自認是安全的，也不可掉以輕心。第二，臨時避難所不見得
是最安全的地方，要思考是否有其他更安全的場所可供避難，
極盡當時所能去採取避難行動。第三，克服「應該不會有事」
的正常化偏誤（normalcy bias）率先去避難，也能促使周遭的
人採取避難行動。

推力的倫理問題

明明知道怎麼做最好，也想要這麼做，卻因為行為經濟學上
的偏誤，而無法做正確的事，這時透過推力使其採取理想的
行動，倫理的問題不大。但是當事人不想這麼做，或是不知
道自己該這麼做時，藉由推力來改變行為，可能會產生倫理
的問題。如果獲得正確的知識就能採取樂見的行為，可以用
推力以促使朝這個方向前進。此外，當這個人的行為對他人
產生不良影響時，傳統經濟學是藉由課稅來改變人的行為，
被認為是可行的做法。諸如此類產生外部性的情況，推力也
被認為具正當性。無論如何，政府使用推力時，對使用的原
因務必公開透明。關於推力的倫理問題，Sunstein（2015）有
詳細論述。

第 2 章　參考文獻

Barrows A, Dabney N, Hayes J, Rosenberg R. Behavioral Design Teams: A Model for Integrating Behavioral Design in City Government. Ideas 42; 2018.

Haynes L, Service O, Goldacre B, Torgerson D. Test, Learn, Adapt: Developing Public Policy with Randomised Controlled Trials. Cabinet Office and Behavioural Insights Team; 2012.

Johnson EJ, Goldstein D. Do Defaults Save Lives? *Science* 2003, 302(5649): 1338–1339.

Ly K, Mazar N, Zhao M, Soman D. A Practitioner's Guide to Nudging. *Rotman School of Management Working Paper* 2013, No. 2609347.

（https://ssrn.com/abstract=2609347）

OECD. Behavioural Insights Toolkit and Ethical Guidelines for Policy Makers. OECD; 2018.

Sunstein C. The Ethics of Nudging. *Yale Journal on Regulation* 2015, 32(2).

Thaler RH. Nudge, Not Sludge. *Science* 2018, 361(6401): 431.

Thaler RH, Sunstein C. *Nudge: Improving Decisions about Health, Wealth, and Happiness*, Yale University Press, 2008. 中譯本《推出你的影響力》時報出版

Thaler RH. *Misbehaving: The Making of Behavioral Economics*, W. W. Norton & Company, 2015. 中譯本《不當行為》先覺出版

Tierney J. Magic Marker Strategy. *New York Times*, September 6, 2005.

片田敏孝. 子どもたちを守った「姿勢の防災教育」―大津波から生き抜いた硼石市の児童・生徒の主体的行動に学ぶ. 災害情報 2012, No.10：37–42.

矢守克也, 竹之内健介, 加納靖之. 避難のためのマイスイッチ・地域スイッチ. 2017 年九州北部豪雨災雨災害調査報告書（2018）：99–102.

第 3 章　職場上的行為經濟學

計程車駕駛的勞動供給

Camerer et al.（1997）的研究說明，客人多的時候，每小時的收入愈高，計程車駕駛的勞動時間愈短，與傳統經濟學所預想的相反。但是該研究是把一天的所得額除以勞動時間，計算出每小時的收入。即使測量勞動的開始時間和結束時間，正確算出計程車駕駛的勞動時數，但無法得知中途的休息時間，也就是說，計程車駕駛勞動時間的資料，存在誤差。勞

動時間的資料中含有正誤差，導致算出來的收入發生負誤差，因此如果勞動時間存在誤差，每小時收入和勞動時間之間，就會自動觀察到負相關。

因此，Farber（2005）不使用每小時收入，而是以計程車駕駛設定一天的目標所得，來檢驗決定勞動時間的假說，得到的結果是否定的。Farber（2008）進一步調查計程車駕駛一天的目標所得及其變動程度，顯示目標所得太高以及變動太大，對行為經濟學的說明得到否定的結果。另一方面，Crawford & Meng（2011）的研究，將傳統經濟學與行為經濟學加以折衷，顯示有目標所得的存在。

職業高球選手的損失趨避

Pope & Schweitzer（2011）使用美國職業高球選手的資料，發現平標準桿的推桿，比博蒂的推桿成功率高，證明有損失趨避存在。Elmore & Urbaczewski（2019）說明，美國職業高爾夫球的美國公開賽中，將標準桿數下調後，平均揮桿數也下降。

同儕效應的研究

Mas & Moretti（2009）的研究，從超市收銀櫃台檢驗同儕效應。Yamane & Hayashi（2015）用游泳比賽的資料驗證同儕效應。有優秀的游泳選手進入自己的隊伍，同隊其他選手成績

跟著提升，為 Yamane & Hayashi （2018）的研究。Bandiera et al.（2010）的研究，檢驗是否能在摘水果的工作中觀察到同儕效應，他們分析在英國農場從事摘水果的工作時，劃分在同一區的友人對生產力的影響。分析結果觀察到以下的同儕效應：同一區工作的友人當中，當生產力最高的人生產力下降 10%，則生產力在他之下的人生產力上升了 10%。也就是說，由於友人的生產力較低，使得生產力最高的人因同儕效應而降低了生產力，但是對於其他人的生產力則有提升效果。

第 3 章　參考文獻

Bandiera O, Barankay I, Rasul I. Social Incentives in the Workplace. *Review of Economic Studies* 2010, 77(2): 417–458.

Camerer C, Babcock L, Loewenstein G, Thaler R. Labor Supply of New York City Cabdrivers: One Day at a Time. *The Quarterly Journal of Economics* 1997, 112(2): 407–441.

Crawford VP, Meng J. New York City Cab Drivers' Labor Supply Revisited: Reference–Dependent Preferences with Rational–Expectations Targets for Hours and Income. *American Economic Review* 2011, 101(5): 1912–1932.

Elmore R, Urbaczewski A. Loss Aversion in Professional Golf. *SSRN Electronic Journal* 2019.

Farber HS. Is Tomorrow Another Day? The Labor Supply of New York City Cabdrivers. *Journal of Political Economy* 2005, 113(1): 46–82.

Farber HS. Reference–Dependent Preferences and Labor Supply: The Case of New York City Taxi Drivers. *American Economic Review* 2008, 98(3): 1069–1082.

Mas A, Moretti E. Peers at Work. *American Economic Review* 2009, 99(1): 112–145.

Pope DG, Schweitzer ME. Is Tiger Woods Loss Averse? Persistent Bias in the Face of Experience, Competition, and High Stakes. *American Economic Review* 2011, 101(1): 129–157.

Yamane S, Hayashi R. Peer Effects among Swimmers. *Scandinavian Journal of Economics* 2015, 117(4): 1230–1255.

Yamane S, Hayashi R. The Superior Peer Improves Me: Evidence from Swimming Data. *Osaka University ISER Discussion Paper* 2018, No.1025.

第4章 拖延的行為

名目薪資的向下僵固性與年功薪津制

川口與大竹（Kawaguchi & Ohtake（2007））用日本的資料

說明，當名目薪資下降，工作士氣也跟著下降。山本、黑田（2017）的研究說明愈是不減薪的企業，當景氣好轉，薪資也不上升。Loewenstein & Sicherman（1991）的研究顯示，儘管現值小，人們依舊偏好年功薪津制度。此外大竹（2005）用與上述兩人類似的方法，顯示日本也偏好根據年資給薪。

現在偏誤與勞動者的行為

Paserman（2008）分析現在偏誤與失業者求職行動間的關係。李與大竹的研究（Lee & Ohtake（2014））說明，有強烈現在偏誤的失業者，比較會去選擇派遣工作。Bland & Card（1991）、Anderson & Meyer（1997）、駒村（2003）等人的研究發現，社會保險給付的重要因素為現在偏誤而非道德風險，許多人雖具備領取失業給付資格，卻不領取失業給付或生活保護。有關處在貧困狀態下，認知能力也會下降的研究，有Mani et al.（2013）、Shah et al.（2012, 2015）、Mullainathan & Shafir（2015）等。有關現在偏誤大的人比較可能長時間工作的研究，有大竹、奧平（2009）、黑川、佐佐木、大竹（2017）。

促使人們請休假、育兒假的推力

有關警察廳以「休假」做為宿直次日的基本設定值，其概要

記錄在「應用行為科學解決社會問題的實際案例 職場環境·
勞動方式改革領域（鼓勵請休假）：警察廳/中部管區警察
局岐阜縣情報通信部倡議」。

http://www.env.go.jp/earth/ondanka/nudge/renrakukai07_1/mat01.
pdf

　　有關千葉市改變制度，將育兒休假當作基本設定值，不
休育嬰假需提出理由，詳見千葉市長熊谷俊人於 2019 年 6 月
20 日的推特

https://twitter.com/kumagai_chiba/status/1141582573417533444

以及環境省推力小組資料的相關概要。

http://www.env.go.jp/earth/ondanka/nudge/renrakukai09/ref03.pdf

第 4 章　參考文獻

Anderson PM, Meyer BD. Unemployment Insurance Takeup Rates
and the After–Tax Value of Benefits. *The Quarterly Journal of
Economics* 1997, 112(3): 913–937.

Blank RM, Card DE. Recent Trends in Insured and Uninsured
Unemployment: Is There an Explanation? *The Quarterly Journal
of Economics* 1991, 106(4): 1157–1189.

Kawaguchi D, Ohtake F. Testing the Morale Theory of Nominal
Wage Rigidity. *Industrial and Labor Relations Review* 2007,

61(1): 59–74.

Lee SY, Ohtake F. Procrastinators and Hyperbolic Discounters: Transition Probabilities of Moving from Temporary into Regular Employment. *Journal of the Japanese and International Economies* 2014, 34: 291–314.

Loewenstein G, Sicherman N. Do Workers Prefer Increasing Wage Profiles? *Journal of Labor Economics* 1991, 9(1): 67–84.

Mani A, Mullainathan S, Shafir E, Zhao J. Poverty Impedes Cognitive Function. *Science* 2013, 341(6149): 976–980.

Paserman MD. Job Search and Hyperbolic Discounting: Structural Estimation and Policy Evaluation. *Economic Journal* 2008, 118(531): 1418–1452.

Shah AK, Mullainathan S, Shafir E. Some Consequences of Having Too Little. *Science* 2012, 338(6107): 682–685.

Shah AK, Shafir E, Mullainathan S. Scarcity Frames Value, *Psychological Science* 2015, 26(4): 402–412.

センディル・ムッライナタン，エルダー・シャフィール『いつも「時間がない」あなたに — 欠乏の行動経済学』大田直子訳．東京：早川書房；2015.（中譯本《匱乏經濟學》遠流出版）

駒村康平．低所得世帯の推計と生活保護制度．三田商学研究

（慶應義塾大学商学会）2003, 46(3): 107–126.

黒川博文, 佐々木周作, 大竹文雄. 長時間労働者の特性と働き方改革の効果. 行動経済学 2017, 10: 50–66.

山本勲, 黒田祥子. 給与の下方硬直性がもたらす上方硬直性.（玄田有史編『人手不足なのになぜ賃金が上がらないのか』東京：慶應義塾大学出版会；2017.）

大竹文雄, 奥平寛子. 長時間労働の経済分析.（鶴光太郎, 樋口美雄, 水町勇一郎編著『労働市場制度改革 — 日本の働き方をいかに変えるか』東京：日本評論社；2009.）

大竹文雄『日本の不平等 — 格差社会の幻想と未来』東京：日本経済新聞社；2005.

第 5 章　利用社會偏好

禮尚往來

實際測量因為禮尚往來，使得圖書館工作的生產力提高並且持續多久，詳見 Gneezy & List（2006）的研究。Kube et al.（2013）研究，當薪資提高與下降的程度超過預期，勞動者的生產力會如何改變。Kube et al.（2012）的研究顯示，讓員工意識到加薪是一種禮物，對提升生產力的效果比較大。

競爭偏好與風險趨避的男女差異

Sapienza et al.（2009）的研究，從唾液中的男性激素睪固酮的濃度，與胎兒時期接受雄性激素照射，反映在食指與無名指長度比的代表性指數，與風險趨避程度有負的相關性。此外，上述指標與商學院畢業生進入金融業等高風險產業就職的比率有相關性。另外，Buser（2012）的經濟實驗顯示，女性荷爾蒙中的黃體素，與競爭偏好有關。

　　Gneezy et al.（2003）的研究顯示，男性在競爭環境中，比女性更能表現良好。此外 Gneezy & Rustichini（2004）發現，男性從孩童時期起，就有在競爭環境中做出較好表現的傾向。另一方面，Niederle & Vesterlund (2007) 發現，女性較不偏好競爭性的環境。水谷等人（2009）的研究說明，日本也存在男女間對競爭偏好的差異，以及女性的對手若同為女性，則不特別厭惡競爭。

　　Gneezy et al.（2009）針對父系社會的馬賽族與母系社會的卡西族進行競爭偏好的實驗，發現並未在卡西族觀察到女性厭惡競爭。Booth & Patrick（2012）說明，就讀女校的中學生或高中生中，對競爭偏好的程度與男性並無不同。至於教導土耳其的小學生努力對於成功的重要性並鼓勵堅忍不拔的精神，結果男女對競爭偏好的差異消失等，請參考 Alan & Ertac（2019）。

以提高女性董事人數為目的的推力

英國政府為了提高女性董事的比率所使用的推力，請詳ボネット（2018）。

減少任意取消約診的推力

英國的醫院防止任意取消約診的推力，請參考 Martin et al.（2012）的研究。

第 5 章　參考文獻

Alan S, Ertac S. Mitigating the Gender Gap in the Willingness to Compete: Evidence from a Randomized Field Experiment. *J Eur Econ Assoc* 2019, 17(4): 1147–1185.

Booth A, Patrick N. Choosing to Compete: How Different Are Girls and Boys? *Journal of Economic Behavior and Organization* 2012, 81(2): 542–555.

Buser T. The impact of the menstrual cycle and hormonal contraceptives on competitiveness. *Journal of Economic Behavior and Organization* 2012, 83(1): 1–10.

Gneezy U, Leonard KL, List JA. Gender differences in competition: Evidence from a matrilineal and a patriarchal society. *Econometrica* 2009, 77(5): 1637–1664.

Gneezy U, List JA. Putting Behavioral Economics to Work: Testing for Gift Exchange in Labor Markets Using Field Experiments. *Econometrica* 2006, 74(5): 1365–1384.

Gneezy U, Niederle M, Rustichini A. Performance in Competitive Environments: Gender Differences. *The Quarterly Journal of Economics* 2003, 118(3): 1049–1074.

Gneezy U. Rustichini A. Gender and competition at a young age. *American Economic Review* 2004, 94(2): 377–381.

Kube S, Maréchal MA, Puppe C. The Currency of Reciprocity: Gift Exchange in the Workplace. *American Economic Review* 2012, 102（4）: 1644–1662.

Kube S, Maréchal MA, Puppe C. Do Wage Cuts Damage Work Morale? Evidence from a Natural Field Experiment. *Journal of the European Economic Association* 2013, 11(4): 853–870.

Martin SJ, Bassi S, Dunbar-Rees R. Commitments, Norms and Custard Creams: A Social Influence Approach to Reducing Did Not Attends (DNAs). *Journal of the Royal Society of Medicine* 2012: 105(3): 101–104.

Niederle M, Vesterlund L. Do Women Shy Away From Competition? Do Men Compete Too Much? *The Quarterly Journal of Economics* 2007, 122(3): 1067–1101.

Sapienza P, Zingales L, Maestripieri D. Gender Differences in Financial Risk Aversion and Career Choices Are Affected by Testosterone. *PNAS* 2009, 106(36): 15268–15273.

イリス・ボネット『WORK DESIGN —行動経済学でジェンダー格差を克服する』池村千秋訳. 東京：NTT 出版；2018.

水谷徳子, 奥平寛子, 木成勇介, 大竹文雄. 自信過剰が男性を競争させる. 行動経済学 2009, 2：60–73.

第 6 章　徹底改變勞動方式的推力

沒有意義的工作

報酬相同，但是不得不從事沒有意義的工作，會導致生產力下降，關於這項研究，請參考 Ariely et al.（2008）。

擬定具體計畫的重要性

有關要求失業者擬定具體的求職計畫並檢查進度，會使就職率提高，請詳見 Abel et al.（2019）的研究。

大相撲的星星借貸

有關七勝七敗的力士，比較可能借貸勝星的分析研究，請詳

見 Levitt & Dubner（2007）的介紹。

證券交易員的損失趨避

Imas（2016）的研究發現，以半天為單位和一天為單位結算
證券交易員的損失，一天為單位時，上午若是虧損，下午傾
向做風險較高的交易。透過實驗也發現，當損失還未確定時，
之後會比較傾向於冒險。

第 6 章　參考文獻

Abel M, Burger R, Carranza E, Piraino P. Bridging the Intention–
Behavior Gap? The Effect of Plan–Making Prompts on Job
Search and Employment. *American Economic Journal: Applied
Economics* 2019, 11(2): 284–301.

Ariely D, Kamenica E, Prelec D. Man's Search for Meaning: The
Case of Legos. *Journal of Economic Behavior and Organization*
2008, 67(3–4): 671–677.

Imas A. The Realization Effect: Risk–Taking after Realized versus
Paper Losses. *American Economic Review* 2016, 106(8):
2086–2109.

スティーヴン・D・レヴィット, スティーヴン・J・ダブナ
ー『ヤバい経済学［増補改訂版］』望月衛訳. 東京：東

洋経済新報社；2007.（中譯本《蘋果橘子經濟學》大塊文化出版）

第 7 章　在醫療、健康活動上的應用

醫療領域的推力

佐佐木、大竹（2019）提到醫療健康領域的推力研究的展望。福吉（2018）以實證實驗，利用損失趨避的推力，提高了八王子市的大腸癌篩檢率。Milkman et al.（2011）的研究，針對提高流感疫苗接種率的推力進行實驗。Halpern et al.（2013）的研究，分析在癌末治療方面，基本設定值對於選擇緩和治療或延命治療的影響。吉田（2018）研究醫療人員用強調利益與損失的措辭，患者是否接受癌症治療，以及有關不太推薦的癌症治療法的訊息等研究。

減重的推力

提供承諾機制的網站，請參考 http://www.stickk.com

在慣用手的大拇指指甲上寫字，每次吃東西時就會想起自己正在減肥的減肥法，請參考仲野（2018）的研究。有關減重推力的效果檢驗，請參考 Volpp et al.（2008）、Patel et al.（2016）等研究。玩寶可夢的人可增加步行數，請參考

Howe et al.（2016）、Hino et al.（2019）的研究。

鼓勵使用學名藥的推力

有時，與原廠藥相同效果的學名藥並不存在，因此本章介紹的學名藥占比，是使用有學名藥的原廠藥數量加上學名藥數量當中，學名藥數量的比率。德島縣促進使用學名藥的推力的效果驗證，為依田（2019）的研究。福井縣促進使用學名藥的推力的效果驗證，請見平成 30 年 6 月 7 日的「後発薬品使用促進事業（平成 30 年度 行政レビュー公開プロセス資料）」。

器官捐贈的推力

日本器官移植現況的相關統計，係依據「公益社団法人日本臓器移植ネットワーク News Letter 2018, vol.22」。上網更換駕照時，勸導登錄器官捐贈的推力，為行為洞察團隊 (The Behavioural Insights Team, 2013) 的研究。日本鼓勵器官捐贈登錄的推力，係根據大竹等人 (2018) 的研究。

第 7 章　參考文獻

Halpern SD, Loewenstein G, Volpp KGM, Cooney EC, Vranas KC, Quill CM, McKenzie MS *et al.* Default Options in Advance

Directives Influence How Patients Set Goals for End–of–Life Care. *Health Affairs* 2013, 32(2): 408–417.

Hino K, Asami Y, Lee JS. Step Counts of Middle–Aged and Elderly Adults for 10 Months Before and After the Release of Pokemon GO in Yokohama, Japan. *Journal of Medical Internet Research* 2019, 21(2): e 10724.

Howe KB, Suharlim C, Ueda P *et al.* Gotta Catch'em All! Pokemon GO and Physical Activity among Young Adults: Difference in Differences Study. *BMJ* (Online) 2016, 355: i 6270.

Milkman KL, Beshears J, Choi JJ, Laibson D, Madrian BC. Using Implementation Intentions Prompts to Enhance Influenza Vaccination Rates. *PNAS* 2011, 108(26): 10415–10420.

Patel MS, Asch DA, Rosin R *et al.* Framing Financial Incentives to Increase Physical Activity among Overweight and Obese Adults: A Randomized, Controlled Trial. *Annals of Internal Medicine* 2016, 164(6): 385–394.

The Behavioural Insights Team. Applying Behavioural Insights to Organ Donation: Preliminary Results from a Randomised Controlled Trial 2013.

Volpp KG, John LK, Troxel AB, Norton L, Fassbender J, Loewenstein G. Financial Incentive–Based Approaches for

Weight Loss: A Randomized Trial. *JAMA* 2008, 300(22): 2631–2637.

依田高典 . 行動経済学の特効薬「ナッジ」の効き目 . 週刊東洋経済 2019, 4.6：78–79.

佐々木周作 , 大竹文雄 . 医療現場の行動経済学：意思決定のバイアスとナッジ . 行動経済学 2019, 11：110–120.

大竹文雄 , 佐々木周作 , 平井啓 , 工藤直志 . 臓器提供の意思表示に関する介入研究：プログレスレポート . 2018 年度行動経済学会報告論文

仲野徹 『（あまり）病気をしない暮らし』東京：晶文社；2018.

福吉潤 . どうすればがん検診の受診率を上げられるのか：大腸がん検診における損失フレームを用いた受診勧奨 .（大竹文雄 , 平井啓編著『医療現場の行動経済学 — すれ違う医者と患者』東京：東洋経済新報社；2018）

吉田沙蘭 . 行動経済学的アプローチを用いたがん患者の意思決定支援 .（大竹文雄 , 平井啓編著『医療現場の行動経済学』東京：東洋経済新報社；2018）

第 8 章　公共政策上的應用

稅金的行為經濟學

以實際的勞動實驗，來驗證所得稅與消費稅之等價性，為 Blumkin et al.（2012）的研究。Chetty et al.（2009）的研究發現，超市改用含稅價來標示價格，結果營業額下降。Abeler & Jager（2015）的研究顯示，在複雜的稅制下，無法採取最適的勞動供給行為。Kurokawa et al.（2016）的研究發現，當消費稅與所得稅的稅率相同時，儘管消費稅的負擔較低，人們還是不偏好被課徵消費稅。Lehmann et al.（2013）的研究顯示，改變所得稅率，會影響勞動供給，但業主負擔的稅率改變，並不會影響勞動供給行為。Saez et al.（2012）的研究說明，業主負的薪資所得稅，不會影響高所得者的勞動供給。Hayashi et al.（2013）的研究發現，雖然稅後淨所得相同，在面對比例稅、累進所得稅、獎金、物品稅等不同稅制時加以比較，發現明確表示稅後淨所得時，勞動供給與努力程度雙雙提高。Fochmann et al.（2013）的研究說明，稅前所得高的人，勞動供給高於稅後所得相同、但稅前所得較低者。

政策與推力

Milkman et al.（2012）的實驗說明，在提法案時，包含或

不包含損失訊息在內，可能影響法案是否被採行。Epley et al.（2006）的研究顯示，稱之為退稅或獎金，對消費的影響也不同。Hallsworth et al.（2017）的研究顯示，在稅款催繳信上，表示「多數人在期限內繳稅，不按時繳稅者為少數人」的訊息是有效的。

捐血行為與血型

繩田（2014）的研究發現，並未觀察到性格與血型之間具統計學上的關係。Sasaki et al.（2018）的研究顯示，血型 O 型者與其他血型的人在利他方面並無不同，但是捐血率卻比較高。

第 8 章　參考文獻

Abeler J, Jäger S. Complex Tax Incentives. *American Economic Journal: Economic Policy* 2015, 7(3): 1–28.

Blumkin, T, Ruffle BJ, Ganun Y. Are Income and Consumption Taxes Ever Really Equivalent? Evidence from a Real–Effort Experiment with Real Goods. *European Economic Review* 2012, 56(6): 1200–1219.

Chetty R, Looney A, Kroft K. Salience and Taxation: Theory and Evidence. *American Economic Review* 2009, 99(4): 1145–1177.

Epley N, Mak D, Idson LC. Bonus or Rebate? The Impact of Income Framing on Spending and Saving. *Journal of Behavioral Decision Making* 2006, 19(3): 213–227.

Fochmann M, Weimann J, Blaufus K et al. Net Wage Illusion in a Real–Effort Experiment. *Scandinavian Journal of Economics* 2013, 115(2): 476–484.

Hallsworth M, List JA, Metcalfe RD, Vlaev I. The Behavioralist as Tax Collector: Using Natural Field Experiments to Enhance Tax Compliance. *Journal of Public Economics* 2017, 148: 14–31.

Hayashi AT, Nakamura BK, Gamage D. Experimental Evidence of Tax Salience and the Labor–Leisure Decision: Anchoring, Tax Aversion, or Complexity? *Public Finance Review* 2013, 41(2): 203–226.

Kurokawa H, Mori T, Ohtake F. A Choice Experiment on Taxes: Are Income and Consumption Taxes Equivalent? *Osaka University ISER Discussion Paper* 2016, No.966.

Lehmann E, Marical F, Rioux L. Labor Income Responds Differently to Income–Tax and Payroll–Tax Reforms. *Journal of Public Economics* 2013, 99: 66–84.

Milkman KL, Mazza MC, Shu LL *et al.* Policy Bundling to Overcome Loss Aversion: A Method for Improving Legislative

Outcomes. *Organizational Behavior and Human Decision Processes* 2012, 117(1): 158–167.

Saez E, Matsaganis M, Tsakloglou P. Earnings Determination and Taxes: Evidence from a Cohort–Based Payroll Tax Reform in Greece. *The Quarterly Journal of Economics* 2012, 127(1): 493–533.

Sasaki S, Funasaki Y, Kurokawa H, Ohtake F. Blood Type and Blood Donation Behaviors: An Empirical Test of Pure Altruism Theory. *Osaka University ISER Discussion Paper* 2018, No.1029.

縄田健悟．血液型と性格の無関連性 — 日本と米国の大規模社会調査を用いた実証的論拠．心理学研究 2014, 85(2)：148–156.

國家圖書館出版品預行編目資料

如何活用行為經濟學：解讀人性,運用推力,引導
人們做出更好的行為,設計出更有效的政策 / 大
竹文雄著 ; 陳正芬譯. -- 初版. -- 臺北市 : 經濟新
潮社出版 : 英屬蓋曼群島商家庭傳媒股份有限公
司城邦分公司發行, 2021.02
　　面；　公分. -- （經濟趨勢 ; 70）

ISBN 978-986-06116-0-1（平裝）

1.經濟學 2.行為心理學 3.決策管理

550.14　　　　　　　　　　　110000780